你的孩子是哪种人格
——女孩教育减法口诀

海阔 依然/著

北京工业大学出版社

图书在版编目(CIP)数据

你的孩子是哪种人格——女孩教育减法口诀/海阔,依然著.
—北京:北京工业大学出版社,2011.6
ISBN 978 – 7 – 5639 – 2730 – 2

Ⅰ.①你… Ⅱ.①海… ②依… Ⅲ.①女性－人格－家庭教育
Ⅳ.①G78 ②B825

中国版本图书馆 CIP 数据核字(2011)第 075516 号

你的孩子是哪种人格——女孩教育减法口诀

著　　者:	海阔　依然
责任编辑:	钱子亮
封面设计:	兰旗设计
出版发行:	北京工业大学出版社
	(北京市朝阳区平乐园 100 号　100124)
	010 – 67391722(传真)　bgdcbs@sina.com
出 版 人:	郝　勇
经销单位:	全国各地新华书店
承印单位:	三河市九洲财鑫印刷有限公司
开　　本:	700 mm×965 mm　1/16
印　　张:	13.25
字　　数:	195 千字
版　　次:	2011 年 6 月第 1 版
印　　次:	2011 年 6 月第 1 次印刷
标准书号:	ISBN 978 – 7 – 5639 – 2730 – 2
定　　价:	34.00 元

版权所有　翻印必究
(如发现印装质量问题,请寄本社发行部调换 010 – 67391106)

前　言

当下的许多教育理论都没有重视女孩教育的特殊性，将其与男孩教育混在一起，这是十分不科学的。因为染色体、荷尔蒙等的不同决定了男孩女孩在生理上的不同。而在心理上，女孩和男孩的差异就更显著了。几千年来，社会伦理道德对男孩和女孩的要求存在着天壤之别。在进行十三型人格教育理论研究后，我们发现，虽然在人格的主要特点上，女孩与男孩十分相似，但整体上来说，四大类型十三个分类中的所有女孩都有一个共同点——她们对情感、道德、文化的理解能力都十分强，而不像男孩那样差别明显——只有中庸型人格当中的四个分类表现得较强一些。还有一个我们不能忽略的问题：男女平等。

在如今的社会中，女孩在升学、就业等方面，还是存在不少劣势，远远达不到理想中的"平等"。所以，对于总是"先知先觉"的女孩来说，父母要做的最主要的工作是"剪枝"：留下最好的枝条，剪去多余的，甚至是有病虫害的枝条。同时，父母在教育女孩时要放弃以往那种过于理性刻板的传统教育方式，而要更注重细节，注重感性。

我们希望，通过十三型人格教育理论所倡导的这种"减法"教育方式，能让更多的女孩保留住她们那些与生俱来的优势和潜力，摆脱社会强加在她们身上的那些束缚和制约，让她们能"素面朝天"，将美丽与纯真坚持到底。

生肖动物代言，有了女孩专用形象

十三型人格理论的理论基础是古希腊医学家希波克拉底的气质类型学说。为了让这一比较枯燥难懂的理论更形象直观，我们巧妙地融入了中国传统文化的精髓之一——十二生肖，并把它们做成了可爱的卡通形象。用这十三种（十二生肖加上狼）动物"代言"孩子的人格类型后，复杂的心理学理论就变得简单了，好学又好记，一看便明白。读完书后，父母马上就可以教育孩子：如何认清自己和他人的人格优劣势，如何找到提升学习成绩的正确方法，如何与他人和谐相处……

许多细心的读者会发现，在以往所出的一系列十三型人格书籍中，代言的生肖动物是没有男女之分的，在这本书中，我们重新设计了十三个女孩专用图案。

这样做，一方面是为了让家长们更感性地认识女孩的人格特性，另一方面也是向家长强调"减法"教育观点。

十三型人格理论一直强调要发现孩子最闪光的一面。其实上天创造女孩，本身就赋予了她们特有的闪光点。但在我国，由于文化传统的原因，我们将女孩许多天性上的优点，硬说成了弱点。这是很可悲的。我们希望，通过我们的提醒，家长在进行教育时，能从女孩心中"减"掉这些偏见与歧视，让她们在面对生活和学习时，能更自信，更从容。

四类人格女孩，都是世界上最美的风景

为了让气质类型学说更贴近东方人的思维，我们在气质类型的四大分类中融入了具有东方特色的一些理念：胆汁质用激情型来诠释，多血质用才华型来诠释，黏液质用中庸型来诠释，抑郁质用内敛型来诠释。经过这样的改造与加工后，气质类型学说的理论外延就更宽广了。而且这种东方式的分类和诠释方法十分感性，让人一看便知是什么意思。在进行气质类型测试时，主类型后面会附带第二、第三类型，记起来很不方便，也不好区分。我们把这些复合型的气质类型独立出来，单独列为一种人格，并用一种动物来"代言"，这样，在应用的时候就更加便利了，不但好记，而且好懂，因为每个"代言"动物背后都有很深的文化内涵。

十三型人格中的每一个都有显著的优点，也有明显的弱点。家长要明白这样一个道理：世上没有两片完全相同的叶子，每个女孩都有自己最闪亮的一面——她们本来就很优秀，本来就是世界上最美的风景。作为家长，我们要做的工作就是"剪枝"。

女孩潜意识挖掘，与教育老大难问题深度结合

在十三型人格理论中，我们运用了大量的西方心理学大师的经典理论，除了前面所提的希波克拉底外，还有荣格、弗洛伊德、罗杰斯以及巴普洛夫等。但在女孩教育理论中，弗洛伊德的心理分析理论用得比较多，尤其是在案例中，挖掘了许多女孩的潜意识。我们是想借此探求一条帮助她们提升学习成绩、提高素质能力的正确途径。为了让这一理论更适合中国国情以及当代中国父母的特殊需求，在本书中，我们更多地将其与教育老大难问题结合起来，使这种探求更深入，更有借鉴意义。比如在对"才华马"型人格女孩的灰暗面进行分析时，我们特别提到"万能钥匙"心态，对于当下的女孩来说，这是一种比较普遍的心理现象。之所以会这样，不仅是因为"才华马"型人格女孩特有的虚荣心，更重要的是，"才华马"型人格女孩以自己超凡的才智，感受到了父母面临的现实压力。如果自己成为"全能才女"，在小升初的时候就能进入好学校，给父母脸上争光，同时还可以省掉巨额的择校费，为父母减轻经济负担。这些心理潜意识，是许多父母在教育时特别容易忽略的。虽然我们并不能给出太好的应对办法，但如果父母能意识到这一问题给

孩子造成的心理压力，就有更多的机会想出更符合自己孩子实际和更有效的解决方案。

十三型人格，让女孩成为父母最贴心的"小棉袄"

都说女孩是父母最贴心的"小棉袄"，可如何让"小棉袄"更贴心，让父母更多地享受这一天伦之乐，是要讲究方法策略的。

我们在研究十三型人格女孩教育方法时，把如何加深女孩与父母的感情也作为一项重要内容，进行了重点分析。在女孩的教育上，父母需要理性与感性完美结合，要有很强的艺术性，因为女孩的心如山间的清泉，需要父母保护好她的心境，这样她们才能淡定从容，坚守上天赋予她们的迷人天性。在女孩教育上，许多家长之所以要面对一大堆问题，在很多情况下，是因为他们太贪心，强加给孩子太多的东西，扰乱了她们的心，让她们的迷惑与欲望越来越多，烦恼不期而至……

目录

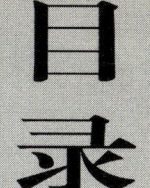

激情型人格女孩篇:七彩的情绪,动人的情怀

第一章 "机智猴"型人格女孩:把激情变成温情 …… 4

代言动物:机智猴 …… 4

人格小档案 …… 4

人格优劣势 …… 5

气质类型 …… 5

核心人格特征:生活是用来"挥霍"的 …… 6

闪光点1:越挫折,越勇敢 …… 6

闪光点2:独特,是从心底散发出来的 …… 7

灰暗面1:一半是火焰,一半是海水 …… 8

灰暗面2:跟着感觉走 …… 9

"机智猴"型人格女孩的生活表现 …… 11

"机智猴"型人格女孩的学习表现 …… 11

典型人物启示:把悲剧变成喜剧的两个条件 …… 12

教育减法口诀:学会给孩子的情绪降温 …… 13

教育减法口诀1:放松 …… 14

教育减法口诀2:控制 …… 14

教育减法口诀3:移情 …… 15

第二章 "神勇虎"型人格女孩：回归天然 ·········· 17

- 代言动物：神勇虎 ·········· 17
- 人格小档案 ·········· 17
- 人格优劣势 ·········· 18
- 气质类型 ·········· 18
- 核心人格特征：没有什么不可能 ·········· 19
- 闪光点1：让梦想迅速照进现实 ·········· 19
- 闪光点2：像"偶像"一样去战斗 ·········· 20
- 灰暗面1：可敬不可亲 ·········· 21
- 灰暗面2：祸从口出 ·········· 22
- "神勇虎"型人格女孩的生活表现 ·········· 24
- "神勇虎"型人格女孩的学习表现 ·········· 24
- 典型人物启示：天空才是鸟儿的舞台 ·········· 25
- 教育减法口诀：不"贪"一身轻 ·········· 26
- 教育减法口诀1：理性 ·········· 26
- 教育减法口诀2：客观 ·········· 27
- 教育减法口诀3：严谨 ·········· 28

第三章 "洒脱龙"型人格女孩：向不完美"妥协" ·········· 30

- 代言动物：洒脱龙 ·········· 30
- 人格小档案 ·········· 30
- 人格优劣势 ·········· 31
- 气质类型 ·········· 31

目录

核心人格特征:永远有理 ……………………………… 32

闪光点:让方方面面都满意 ……………………………… 32

灰暗面1:重形式,轻内容 ……………………………… 33

灰暗面2:利字当头 ……………………………… 34

"洒脱龙"型人格女孩的生活表现 ……………………………… 36

"洒脱龙"型人格女孩的学习表现 ……………………………… 36

典型人物启示:爱心是比智勇更无敌的武器 ……………………………… 37

教育减法口诀:要本色不要演技 ……………………………… 38

教育减法口诀1:真诚 ……………………………… 38

教育减法口诀2:质朴 ……………………………… 39

教育减法口诀3:纯真 ……………………………… 40

才华型人格女孩篇:细水长流,享受生命每一天

第四章 "才华马"型人格女孩:才华不是万能钥匙 …………… 44

代言动物:才华马 ……………………………… 44

人格小档案 ……………………………… 44

人格优劣势 ……………………………… 45

气质类型 ……………………………… 45

核心人格特征:有才艺,人生才有意义 ……………………………… 46

闪光点:超一流的模仿力与创造力 ……………………………… 46

灰暗面1:"万能钥匙"心态 ……………………………… 47

灰暗面2:因浮躁而急功近利 ……………………………… 48

"才华马"型人格女孩的生活表现 ……………………………… 50

"才华马"型人格女孩的学习表现 …………………… 50

典型人物启示:小弱点并不影响成功 …………………… 51

教育减法口诀:才华,要用一生的时间去磨炼 …………………… 52

教育减法口诀1:不卖弄 …………………… 52

教育减法口诀2:不自恋 …………………… 53

教育减法口诀3:不攀比 …………………… 54

第五章 "仁爱羊"型人格女孩:要有主角心态 …………………… 56

代言动物:仁爱羊 …………………… 56

人格小档案 …………………… 56

人格优劣势 …………………… 57

气质类型 …………………… 57

核心人格特征:"和平鸽" …………………… 58

闪光点:"四心"女孩 …………………… 58

灰暗面1:磨掉闪光点 …………………… 59

灰暗面2:用逃避与放弃"麻醉"自我 …………………… 60

"仁爱羊"型人格女孩的生活表现 …………………… 62

"仁爱羊"型人格女孩的学习表现 …………………… 62

典型人物启示:做最好的自己 …………………… 63

教育减法口诀:学会拒绝 …………………… 64

教育减法口诀1:不勉强 …………………… 65

教育减法口诀2:不刻板 …………………… 65

教育减法口诀3:不伪饰 …………………… 66

目录

第六章 "坚韧牛"型人格女孩：坚韧不可能改变一切 …… 68

- 代言动物：坚韧牛 …… 68
- 人格小档案 …… 68
- 人格优劣势 …… 69
- 气质类型 …… 69
- 核心人格特征：完美的"逆境商" …… 70
- 闪光点：船到桥头自然直 …… 70
- 灰暗面1：知错不改 …… 71
- 灰暗面2："小心眼" …… 72
- "坚韧牛"型人格女孩的生活表现 …… 74
- "坚韧牛"型人格女孩的学习表现 …… 74
- 典型人物启示：走出"怪圈" …… 75
- 教育减法口诀：信念不变方法变 …… 76
- 教育减法口诀1：不较真 …… 76
- 教育减法口诀2：不"迷信" …… 77
- 教育减法口诀2：不妄言 …… 78

中庸型人格女孩篇：淡淡的，才能够永恒

中庸型人格概述

第七章 "乖巧兔"型人格女孩：和纠结说再见 …… 84

- 代言动物：乖巧兔 …… 84
- 人格小档案 …… 84

人格优劣势 …………………………………… 85
气质类型 ……………………………………… 85
核心人格特征：乖乖女 ………………………… 86
闪光点：以柔克刚 ……………………………… 86
灰暗面1：笼中鸟 ……………………………… 87
灰暗面2：十年怕井绳 ………………………… 88
"乖巧兔"型人格女孩的生活表现 ……………… 89
"乖巧兔"型人格女孩的学习表现 ……………… 90
典型人物启示：保卫纯真 ……………………… 90
教育减法口诀：把心窗打开 …………………… 92
教育减法口诀1：不忧 ………………………… 92
教育减法口诀2：不惑 ………………………… 93
教育减法口诀3：不惧 ………………………… 94

第八章 "阳光猪"型人格女孩：躲开"远虑"，却逃不了"近忧" …… 96

代言动物：阳光猪 ……………………………… 96
人格小档案 …………………………………… 96
人格优劣势 …………………………………… 97
气质类型 ……………………………………… 97
核心人格特征：没有理由不阳光 ……………… 98
闪光点："以柔克刚" …………………………… 98
灰暗面1："变色龙" …………………………… 99
灰暗面2：得过且过 …………………………… 100
"阳光猪"型人格女孩的生活表现 ……………… 101

目录

"阳光猪"型人格女孩的学习表现 …… 101
典型人物启示:拒绝长大,是因为怕承担责任 …… 102
教育减法口诀:有主见才不会迷航 …… 103
教育减法口诀1:不敷衍 …… 104
教育减法口诀2:不逃避 …… 105
教育减法口诀3:不油滑 …… 106

第九章 "实干鸡"型人格女孩:实干是最好的"特长" …… 107

代言动物:实干鸡 …… 107
人格小档案 …… 107
人格优劣势 …… 108
气质类型 …… 108
核心人格特征:用坚持抒写奇迹 …… 109
闪光点:"隐身衣" …… 109
灰暗面1:生活是用来适应的,而不是用来改变的 …… 110
灰暗面2:样样通,样样松 …… 111
"实干鸡"型人格女孩的生活表现 …… 112
"实干鸡"型人格女孩的学习表现 …… 112
典型人物启示:成功,不是只靠"特长"才能得到 …… 113
教育减法口诀:让心清澈如泉水 …… 114
教育减法口诀1:不盲目 …… 114
教育减法口诀2:不消极 …… 115
教育减法口诀2:不混乱 …… 116

第十章 "诚信狗"型人格女孩:讲究忠与义的分寸感 ……… 118

    代言动物:诚信狗 ……… 118
    人格小档案 ……… 118
    人格优劣势 ……… 119
    气质类型 ……… 119
    核心人格特征:幸福永驻心间 ……… 120
    闪光点:"天易老,情难绝" ……… 120
    灰暗面1:"水土不服" ……… 121
    灰暗面2:缺少分寸感 ……… 122
    "诚信狗"型人格女孩的生活表现 ……… 124
    "诚信狗"型人格女孩的学习表现 ……… 124
    典型人物启示:理性对待亲情,才能真正地长大 ……… 125
    教育减法口诀:要有主心骨 ……… 126
    教育减法口诀1:不埋怨 ……… 126
    教育减法口诀2:不嗔怒 ……… 127
    教育减法口诀3:不嫉妒 ……… 128

内敛型人格女孩篇:抓住现在,揽紧未来

第十一章 "聪明鼠"型人格女孩:不要小聪明 ……… 132

    代言动物:聪明鼠 ……… 132
    人格小档案 ……… 132
    人格优劣势 ……… 133
    气质类型 ……… 133
    核心人格特征:聪颖小精灵 ……… 134

目录

闪光点:人小鬼大 ……………………………………… 134
灰暗面1:走捷径 ……………………………………… 134
灰暗面2:孤独的雄鹰 ………………………………… 135
"聪明鼠"型人格女孩的生活表现 …………………… 137
"聪明鼠"型人格女孩的学习表现 …………………… 137
典型人物启示:以"怪"治"怪" ……………………… 138
教育减法口诀:团队是最好的"雕刻大师" ………… 139
教育减法口诀1:不要滑 ……………………………… 139
教育减法口诀2:不隐瞒 ……………………………… 140
教育减法口诀3:不计较 ……………………………… 141

第十二章 "智慧狼"型人格女孩:不为一时成败"下狠手" … 143

代言动物:智慧狼 …………………………………… 143
人格小档案 …………………………………………… 143
人格优劣势 …………………………………………… 144
气质类型 ……………………………………………… 144
核心人格特征:可以被打倒,却不能被打败 ……… 145
闪光点:英雄情结 …………………………………… 145
灰暗面1:为私利而奋斗 ……………………………… 146
灰暗面2:"冷暴力" …………………………………… 147
"智慧狼"型人格女孩的生活表现 …………………… 148
"智慧狼"型人格女孩的学习表现 …………………… 148
典型人物启示:让理性与感性完美结合 …………… 149
教育减法口诀:情与理完美交融 …………………… 150
教育减法口诀1:不挑衅 ……………………………… 150
教育减法口诀2:不报复 ……………………………… 151

教育减法口诀3：不诡辩 152

第十三章 "谋略蛇"型人格女孩：不疑才会更睿智 153

代言动物：谋略蛇 153
人格小档案 153
人格优劣势 154
气质类型 154
核心人格特征：用睿智赶走所有干扰 155
闪光点：把风险控制到零 155
灰暗面1："阴谋家" 156
灰暗面2：假想敌 157
"谋略蛇"型人格女孩的生活表现 158
"谋略蛇"型人格女孩的学习表现 159
典型人物启示：用心感悟 159
教育减法口诀：宁静才能致远 161
教育减法口诀1：不纠结 161
教育减法口诀2：不郁闷 162
教育减法口诀3：不树敌 162

激情型

十三型人格

机智猴

神勇虎

洒脱龙

激情型人格女孩篇：
七彩的情绪，动人的情怀

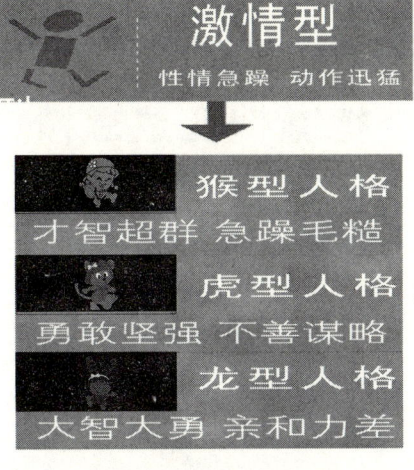

激情型人格概述

气质类型	细分类型	优势与劣势	情绪控制力	核心竞争力	典型人物
胆汁质	"机智猴"型人格	胆汁质	才智超群 急躁毛糙	爱冲动，情绪控制力弱	学习、模仿能力很强	爱丽儿
	"神勇虎"型人格	胆汁质+多血质	勇敢坚强 不善谋略	爱冲动，情绪控制力一般	精力充沛，进取心很强	拇指姑娘
	"洒脱龙"型人格	胆汁质+黏液质	大智大勇 亲和力差	爱冲动，情绪控制力较强	善于控制自己的情感和欲念	贝尔

第一章 "机智猴"型人格女孩：把激情变成温情

代言动物

机智猴

> 她们才智超群，机智可爱，却终因改不掉急躁毛糙的弱点，生活总被一些小麻烦所困扰。她们也因自己性格中淑女成分过少而苦恼。家长在教育上需要用大量的时间做"降温"工作，让她们的性情保持温和，避免燥热。

人格小档案

	外在表现		内在表现
着装偏好	色彩比较鲜艳，时尚，活泼，极少穿正装，衣饰富于变化并追求个人风格	最佳伙伴人格	"乖巧兔"型人格 "阳光猪"型人格 "实干鸡"型人格 "诚信狗"型人格
言谈举止	充满自信，活泼好动，面部表情和肢体语言特别丰富，说话时语速较快，音调较高，眼神机灵，有亲和力	最佳人格表现	前卫

第一章 "机智猴"型人格女孩：把激情变成温情

人格优劣势

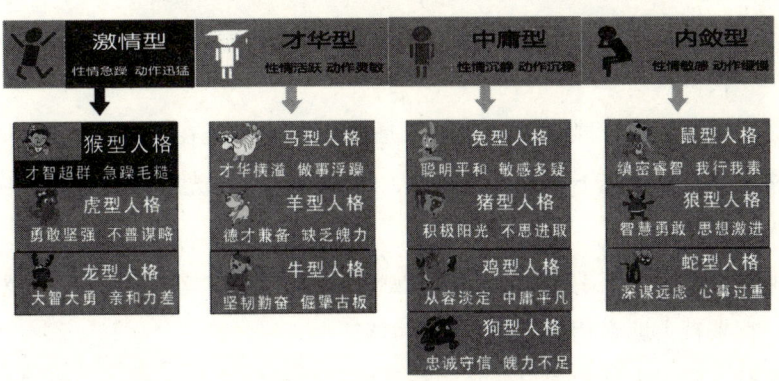

气质类型

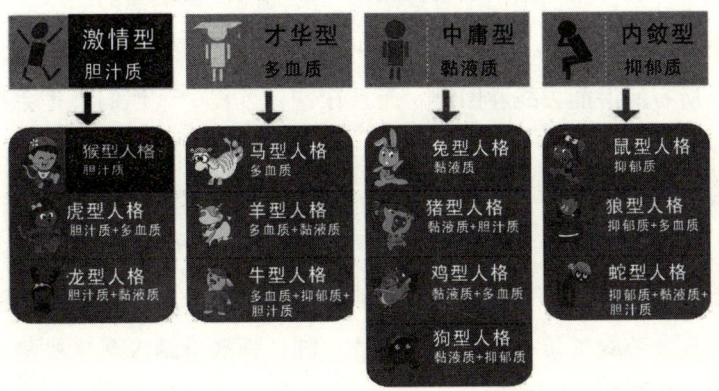

核心人格特征

生活是用来"挥霍"的

在激情型人格当中,"机智猴"型人格女孩是个性最外露的一类人,所以在大多数情况下,她们在生活和学习上极容易走极端——为了成功,不惜一切代价。

因为激情四溢,能言善辩,无论是在幼儿园还是在学校,"机智猴"型人格女孩总如艳阳下的红玫瑰一样,散发着夺人的光彩,成为孩子中的焦点人物。

但激情也带来了副作用,容易使她们变得急躁毛糙——经常不顾对方感受,直来直去地表达自己的不满与愤怒。

同时,对于生活和学习,她们总是抱着游戏享乐的态度,缺乏"仁爱羊"型人格女孩的吃苦精神,更缺乏"坚韧牛"型人格女孩的坚韧与专一。

闪光点1:越挫折,越勇敢

在生活和学习中,当遇到各种各样的挫折时,"机智猴"型人格女孩会表现得异常优秀,她们不但不会被吓倒,反而能以更坚强的态度应对各种困难。更让人惊异的是,在这一过程中,她们会表现出极强的好胜心,会调动自己所有的潜能去战胜困难。而且在这一过程中,他们总是会有比较超常的发挥。

因为我和她爸爸工作忙,阿竹三岁那年便被我送到了乡下她姥姥家。六岁那年,阿竹被我从乡下接到了北京。当我把这个晒得炭一样黑的"野丫头"带到学校时,立刻引来同学和家长的围观。看着大家那如看外星人一样的眼神,我的心不禁一沉——我知道,阿竹将很难融入到这些都市里长大的"王子""公主"当中去。

果然,阿竹不但学习跟不上,和同学的关系也处得十分不好。没几天,阿竹就给我惹了大祸——她把一个男孩的脸挠出了两道"深沟",害得这个男孩的母亲疯了似的骂了我一个多小时。

这件事发生后,无论我和老师怎么劝,阿竹就是不向那个男孩道歉。

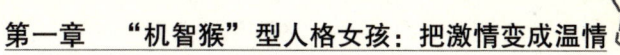
第一章 "机智猴"型人格女孩：把激情变成温情

她说："他说我是从乡下的垃圾箱里捡来的，还骂我是黑鬼，所以我才挠他的！"

我劝她说："姥姥家那地方比较穷，也很落后，他们说的话北京孩子也听不懂，最重要的是，那里孩子的想法自然和北京孩子的想法有很多不同。你要想和同学们交朋友，就要努力改变自己，融入到他们当中去，而不要总希望让同学们改变想法来适应你！"

阿竹是个冰雪聪明的女孩，我只这样略为点了点她，她就理解了我这些话后面的那些深意。

阿竹很快发生了脱胎换骨的改变：在沟通上，她很快就学会了普通话，和同学滔滔不绝地讲着自己的新观点；在穿着上，她努力向"班花"小雯学习——不再坚持穿姥姥给她买的那些"花红柳绿"的衣服了；每天晚上，她都要仔细地洗澡洗脸，精心的擦润肤霜，呵护自己的小脸蛋；在学习上，阿竹也很快成了班里的尖子生。

只有我这个当妈的知道，这个好强的孩子，在学习上可是下了苦工夫的。每天晚上，我要劝上好半天，她才会放下书本去睡觉。

不到两个月，班里再也没有同学嘲笑她了。新学期开始后，阿竹就成了老师跟前的红人、同学眼中的偶像，当上了班长。

——七岁女孩阿竹的母亲

从上面这个例子中我们可以看出，在生活和学习上，"机智猴"型人格女孩表现得十分爽直可爱。在和他人发生矛盾时，她们始终往前看，从不纠缠于小节。此外，对于发生过的矛盾与痛苦，她们会很快忘记，不会留下任何心结，同时会用心改变自己，让一切都能越来越好。

闪光点2：独特，是从心底散发出来的

在生活和学习上，"机智猴"型人格女孩的倾向十分明显：喜欢特立独行、与众不同，在她们心目中，理想的女孩形象就是永远鹤立鸡群。

她们会一生坚持这一倾向。

在这方面，如果家长引导得好，"机智猴"型人格女孩就会养成这样的个性：她们所崇尚的这种前卫，不只体现在穿着打扮或举止谈吐上，更多的是一种内在的气质。她们会在很小的时候就明白，如果一个女孩只是表面上"花红柳绿",而内心却"一穷二白",那么她并不是一个成功的、令人羡慕的女孩。

有一天,紫兰的小姑罗玉到家里做客。说到自己被丈夫抛弃的经历,罗玉不禁泪流满面。因为离了婚,罗玉没法在丈夫的公司工作了,不得不自己出去找工作。但因为年龄较大,半年过去了,也没找到合适的工作。为了减少开支,罗玉把自己的爱车也卖了,穿着打扮也没了以往的珠光宝气。

紫兰长得和姑姑罗玉一样人见人爱,说话也像姑姑一样伶俐可人。这两样一直是紫兰最骄傲的事,所以姑姑的遭遇让她十分震惊。

罗玉走后,紫兰叹息着对我说:"小姑一直是我的偶像,没想到现在这么惨,太让我伤心了。"

我知道这是个好机会,就意味深长地对她说:"一个女孩子,只是表面伶俐是不够的。重要的是要有内涵。"

紫兰问:"怎样才能有内涵呢?"

我说:"有好多条件。首先要有知识,其次要有教养。此外,还要人缘好,还要有才艺……"

那一天,我向紫兰说了好多做人的道理,她完全听进去了。以后的日子里,我发现紫兰像换了一个人似的:仍旧活泼好动,但已不像原来那么顽皮胡闹了,对学习以及钢琴、舞蹈课,也重视了起来。

我知道,她在努力"修炼",让自己的内心充满独特的气质。

——十岁女孩紫兰的母亲

从上面这个例子中我们可以看出,通过母亲的引导,"机智猴"型人格女孩所追求的独特,已不再是简单的小聪明,而是大智慧。这样,在她们的性格当中,就会一直保持淳朴、本真的个性,而不会向虚荣、浮躁的方向发展。

当然,这些要求说起来简单,而真正做起来却是很难的,作为家长要进行长时间的辅导工作,而不是只靠一次说教便可以轻松完成。

灰暗面1:一半是火焰,一半是海水

"机智猴"型人格女孩乐观、大度,在家庭和学校中,都是有魅力、受欢迎的孩子。但如果掌控不好尺度,豪爽大度的正面优势也容易发生

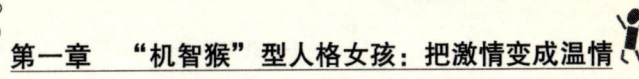
第一章 "机智猴"型人格女孩：把激情变成温情

"化学变化"，演变成急躁毛糙的负面人格，在和他人交往的过程中，经常把事情做得很过火，甚至容易和对方发脾气、吵闹。

其实，由于人格本身的特点，即使她们很注意，与他人的这些摩擦也是很难避免的。因为"机智猴"型人格女孩是典型的性情中人，一生有用不完的激情。她们像火一样，燃烧着自己的激情，许多人都很容易被她们的激情灼伤。也正因如此，她们无法容忍平淡的生活，以及没有浪漫情怀的同学和朋友。

有一天，兰雅放学回家时，气急败坏地对我和她妈妈抱怨道："新来的那个李老师太没人性了，她讲课时做错了题，我给她指出来后，她不但不感谢我，下课时还拿我的作业说事，批评了我好半天！"。

我说："我能猜得出，你保险又跟人家抬杠了，红头涨脸地争个没完。"

兰雅说："我哪有那么好的脾气。最后，我没理她，没等她说完我就离开了教室！"

兰雅妈妈听了后，叹了口气说："这孩子，跟个刺猬似的，学校的老师都快让你得罪遍了。就不能改改你那坏脾气吗？"

我说："这事也不能全怪兰雅。李老师被孩子揭了短，就马上没事找事批评孩子，心眼也太小了。"

见我这么一说，兰雅马上欢天喜地跑过来，亲了我好几口。我拉着兰雅的手说："小刺猬，以后再有这样的事，最好下课后再向老师反映，同时态度要亲切，不要总想着借这些事显摆自己……"

兰雅听了我的话，不停地点着头。

——十二岁女孩兰雅的父亲

由以上这个例子可以看出，在与他人沟通时，"机智猴"型人格女孩是十分感性的，她们的情绪很容易升到高峰，也很容易滑向深谷。作为家长，既要支持她们保留性格中激情飞扬的优秀一面，也要巧妙引导，努力让她们保持平和的心态。

灰暗面2：跟着感觉走

按荣格的心理分析理论来划分，"机智猴"型人格女孩在分析问题时，大多是凭感觉，这种思维模式的优势是容易迅速抓住机遇，弱点是容易冲动,爱感情用事。

我们知道,激情型人格是所有人格当中神经兴奋最快的一类,而从兴奋度这个角度看,"机智猴"型人格女孩则在激情型人格当中排名第一。

因为过于相信自己的感觉,在人际沟通过程中,她们很容易被一些表面现象所迷惑。所以,当她们发现事情并没有按她们的意愿发展变化,或者事情露出了本来面目时,她们便很容易迁怒别人或陷入自责。

雨虹十四岁那年,她班里的一个女孩报考了一个女明星办的演艺培训学校。雨虹当时也迷上了表演,一心想成为第二个赵薇,好去演《还珠格格》的续集。见同学进了演艺培训学校,她也中了魔似的,一门心思要去报考。

当时,我坚决不同意。

一方面,我觉得雨虹没有表演天赋,她只是有点唱歌的才能,所以经常参加一些学校的文艺演出,但我知道,真要走专业的表演之路,她还差得太远;另一方面,她的长相实在太普通,在美女如云的演艺圈,太难立足。

可无论我怎么说,雨虹就是听不进去,又吵又闹的,非要报考。最后,我和她妈妈被磨得受不了了,只得让她报考。

而进了演艺培训学校不到半年,雨虹就失去了兴趣。因为学校每天都在训练一些枯燥的基本功,很少有公开表演的机会,更谈不上拍什么电视剧了。

从演艺培训学校辍学后,雨虹的心理很受打击,好长时间一直闷闷不乐。我以为雨虹对演艺事业死了心,就问她下一步的打算。雨虹的回答吓得我倒吸了一口凉气。

她说:"我之所以烦这个演艺学校,是因为它没有知名度,所以很少有导演来挑演员,我要上高中,然后考北京电影学院,这样就能实现我的明星梦了!"

——十四岁女孩雨虹的父亲

从上面这个例子中我们可以看出,在生活和学习上,"机智猴"型人格女孩天生具有叛逆精神,她们从不迷信经验和社会舆论,敢于打破常

第一章 "机智猴"型人格女孩:把激情变成温情

规。但这种叛逆是把双刃剑——会有意外的收获,也会带来意外的打击和磨难。

作为家长,要防止她们过于任性和随意,否则很容易把握不好眼前的机会,走上一条艰难的、甚至是错误的人生之路。

"机智猴"型人格女孩的生活表现

孩子常见问题	家长应对方法	注意事项
不稳重	容忍	可适当提醒一下,但不能太频繁
做事耐力不足	鼓励并进行督促	为孩子制订实现目标的详细实施计划,并督促孩子按计划一点点实现目标
做事容易冲动	引导而不强行改变	遇事时,要做孩子的好参谋,以减轻其心理压力,同时要帮她们转移目标以缓和情绪

"机智猴"型人格女孩的学习表现

孩子常见问题	家长应对方法	注意事项
不愿意接受善意的批评	推迟一天再表达	就事论事
注意力不集中,爱走神	练习题要反复训练,增强其熟练度	提醒但不可指责
学习时只求速度,不求质量,粗心大意	告诫她,不必事事都争第一,有些事质量比速度更重要	可以让孩子做一些心态练习,比如练书法、学十字绣等

典型人物启示

把悲剧变成喜剧的两个条件

典型人物：爱丽儿（动画片《小美人鱼》主人公）

在安徒生的童话《海的女儿》中，小美人鱼因为冒险，不但没有追求到自己的爱情，最终还以悲剧收场，变成了海里的泡沫。而在根据这个童话改编的迪士尼动画片中，小美人鱼爱丽儿的结局却十分圆满——不但得到了自己的真爱，还打败了邪恶的女巫乌苏拉。

这其中的原因，十分值得我们做家长的三思。

爱丽儿聪明叛逆，非常勇敢，爱冒险，几乎可以用探险家来形容她，是典型的"机智猴"型人格女孩。其实，她本可以按父亲的安排，在海底世界幸福无忧地长大，但天生叛逆的性格却让她选择了另外一条异常艰难的路——在一个全新的世界里，因为不能说话，小美人鱼无法和周围的人正常沟通。同时，居心叵测的女巫乌苏拉，一直在打爱丽儿的主意，想拿她做人质，争夺海底世界的统治权。

面对这样的难题，爱丽儿的家长是如何应对的呢？

要深入到孩子的生活当中

在动画片中，寄居蟹赛巴斯丁是作为爱丽儿音乐教师的形象出现的。但如果我们仔细观察她的一举一动就会发现，她更像是爱丽儿的母亲。

爱丽儿做出了叛逆举动后，赛巴斯丁马上深入到她的生活当中，虽然没能来得及制止爱丽儿"由鱼变人"的疯狂举动，但事情发生后，赛巴斯丁马上改变了引导方法：既然无法避免悲剧发生，就尽一切可能减小悲剧对爱丽儿的伤害。

赛巴斯丁不顾危险，紧跟在爱丽儿的左右，又用自己的经验引导她，帮她避免伤害，寻求成功。虽然赛巴斯丁的能力有限，在许多关键时刻显得心有余而力不足，但她却对维护爱丽儿的心灵安全做出了重要的贡献，可以说是爱丽儿的心灵导师。

放弃一切拯救孩子

第一章 "机智猴"型人格女孩：把激情变成温情

爱丽儿的父亲是海底世界的国王，相比较来说，他的表现就不如赛巴斯丁了。他像许多工作忙碌的父亲那样，女儿有了心事，却毫无察觉，等到她出现了叛逆行为时，也只是一味地严加管教，而不是去做耐心的疏导。

但可贵的是，在女儿的生命受到威胁时，他甘愿放弃自己的地位和尊严，舍弃一切去进行拯救。这种伟大的父爱给了爱丽儿无穷的力量，最终，她靠自己的勇敢战胜了邪恶，赢得了胜利。而此时，当爱丽儿再次选择了离开大海时，海底世界的国王不但支持女儿的选择，还帮她实现了愿望，长出了人类的双腿。

由这个动画片我们可以看出，在许多时候，如果家长引导得好，"机智猴"型人格女孩的叛逆就会得到质的升华——不但让她们自己脱胎换骨，也让家长的心灵受到一次洗礼和冶炼。

教育减法口诀

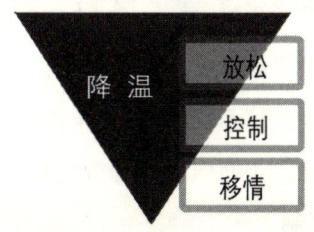

学会给孩子的情绪降温

降温：放松／控制／移情

搞戏剧的人，最爱得的职业病就是"人戏不分"，如果在台上扮演窦娥的演员回到家仍是一副哭丧脸，就会弄得一家人同自己一起郁闷。

这样做显然是不行的。可"机智猴"型人格女孩大多有这个弱点。

此时家长要做的工作就是引导她们，不能永远激情燃烧，也要给自己及他人一个心灵放松的机会，这也就是心理学专业书籍上所说的"移情"。

许多"机智猴"型人格女孩都不会"移情"。有时她们因为陷得太深，稍有风吹草动，便会"大动干戈"。

这样的生活，在最初的时候，也许会觉得看上去很美，可时间一长，就会让她自己和周围的人都觉得累，极容易产生问题。

教育减法口诀1：放松

有一年，我作为我们学校的代表参加了区里的运动会。在500米的决赛中，我因为踩到了跑道上的一块小石头，意外地摔倒了，结果成绩倒数第一。

我一直是我们学校的"体育公主"，老师同学们都觉得，以我的实力，这个冠军是完全可以轻松揽入怀中的。

可我却失败了。

当时，我特别激动，跑到裁判那里，抱怨地面上有小石子，吵嚷着让他们重新比赛。可裁判坚决不同意。我当时又哭又闹，完全失态。幸好此时妈妈赶来了，把我抱在怀里，苦口婆心地劝了大半天，我的情绪才缓和下来，不然真不知道会出现什么样的事情。

——九岁女孩芳草

从上面这个例子中我们可以看出，在生活和学习中，"机智猴"型人格女孩显然期望值过高，所以在遇到问题时，她们很难保持淡定从容的心态，而且很容易生出急躁情绪。

其实，父母给孩子的情绪降温，并不是非要"机智猴"型人格女孩压抑自己的感情，而是不让情绪总处于"水深火热"的状态，要尽量淡化，这样，在出现问题的时候，才能做出最理智、最实际的选择。

教育减法口诀2：控制

以前，我和表弟总是吵吵闹闹的，为此，妈妈没少批评我。今年我上了初中后，她还特意嘱咐我："你已经是大孩子了，再和弟弟吵架，就太让人笑话了。一定要学会控制自己的情绪。"

有一天，表弟来家里做客，一不小心把我心爱的镜子打碎了。我的脸一下子红了，火也一下子蹿了上来。我正准备好好收拾一下这个坏小子，母亲赶紧走过来说："他又不是故意的，你不要为难弟弟。快到厨房帮妈妈择一下菜"。

我跑到厨房里，用了好大的力气，才压住心里的怒火。

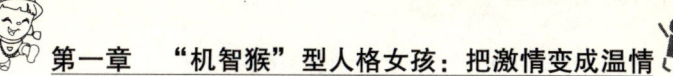
第一章 "机智猴"型人格女孩：把激情变成温情

自此后，在家里每当我想发火的时候，妈妈就赶紧给我找点事情做，帮我把情绪控制住。慢慢的，我也有了些淑女的气质了。真应了那句俗语：忍一时风平浪静，退一步海阔天空。

——十二岁女孩小欢

在这个例子中，这个"机智猴"型人格女孩是幸运的，心灵得到了较好的"修炼"，避免了不必要的冲突与纠葛。

从中我们也可以看出，对于"机智猴"型人格女孩来说，要压下自己火山般喷射的激情，的确有些难，但如果不控制住，许多事情都容易变得无法收拾。

对于家长来说，要把"机智猴"型人格女孩的心境调整到最佳温度，是很难的，在许多时候，只能教会她们克制的方法，而不要奢望把她们管教得永远"心静如水"。

教育减法口诀3：移情

因为保密工作做得不好，和唐岩恋爱不久后，妈妈就知道了这件事。妈妈没有批评我，只是说："你长大了，又比妈妈聪明，我相信你能处理好这件事情，不会耽误学习。不过，妈妈最希望的，还是你能把舞蹈九级的证书拿回来。你不是说将来要当个舞蹈老师吗？这个证书对你很重要！"

我本来都准备视死如归与母亲对抗了，见她这样通情达理，我也软了下来，满口答应了她的要求。此后，我把大部分业余时间都用在了练功上，和唐岩的交往一下少了很多。

没过多久，唐岩对我的感情淡了下来，而我对他也没了从前的感觉。

此时，我突然明白，像我们这种年龄的孩子，是很难做到一心二用的。而且，这些淡淡的初恋大多如春日的桃花一样，虽然看上去很美，但大多很短命。为此耗费太多的精力和光阴，真是不值得。

——十四岁女孩桃桃

例子中，这位"机智猴"型人格女孩深陷于初恋当中，并想和母亲对抗到底。幸运的是，这位女孩的母亲通过"移情"的方式，巧妙解决了这一难题。

"机智猴"型人格女孩在做事时总爱"全情"投入,切断了所有的退路,无法像"洒脱龙"型人格女孩那样攻守自如。所以,这些女孩在出现早恋问题后,很容易把握不好分寸火候,而且感情出现一些波折时,也无法和对方"斗智斗勇"地"周旋",很容易出现大问题。

家长如果能巧妙地帮她们"移情",就能很好解决以上的难题。

移情的方法之所以对"机智猴"型人格女孩这么起作用,最重要的原因在于能给孩子调整心境、理清思路的时间,这样,她们就不会再与家长进行不必要的冲突与对抗,等"醒过神来"时,一切事情就容易进入正常轨道了。

第二章 "神勇虎"型人格女孩：回归天然

代言动物

神勇虎

> 她们刚烈、勇敢、阳光，是带刺的红玫瑰。她们总想让自己与众不同，甚至成为其他孩子的榜样和楷模，不管内心承受怎样的煎熬，她们都可以勇敢面对。只是因为求胜心切，她们容易因为心理压力过大，早早失去了同龄孩子应有的欢乐。

人格小档案

	外在表现		内在表现
着装偏好	不拘细节，整体上给人大气、威严的感觉，色调偏明快，不太容易随时尚潮流而动	最佳伙伴人格	"洒脱龙"型人格 "机智猴"型人格
言谈举止	平时比较严肃，说话很有力度感，愤怒时会说出许多不合时宜的话，双眼圆睁，怒目相向，严重时还会拍桌子怒吼	最佳人格表现	率真

人格优劣势

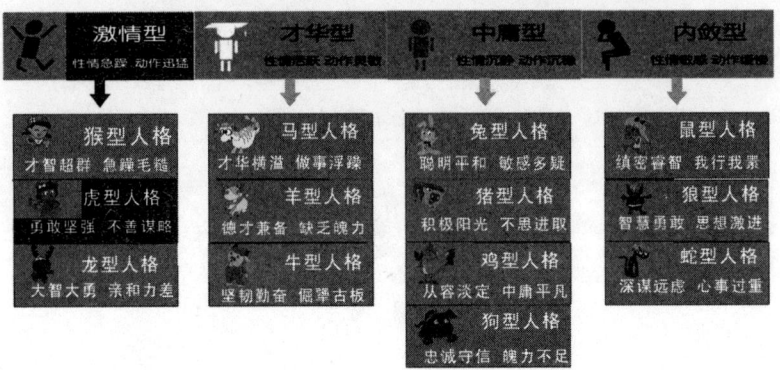

气质类型

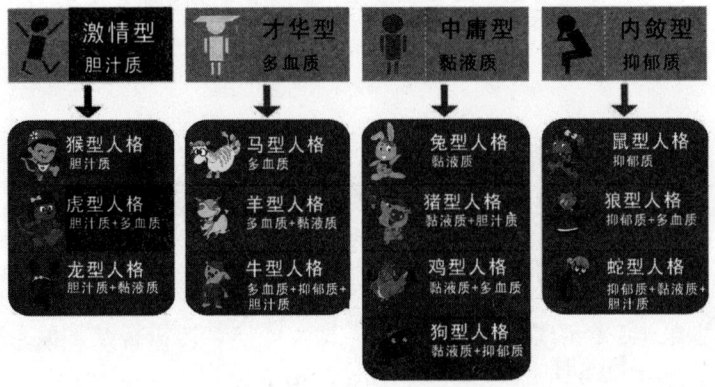

核心人格特征

没有什么不可能

自从韩国电影《我的野蛮女友》在国内上映后,大家开始认识了这样一类女孩的存在,她们为人处世时虽有些"野蛮",却有直爽可爱的一面。在当今社会里,这类女孩已越来越受欢迎。但由于某些传统思想观念的影响,在青少年时期,与"神勇虎"型人格男孩那种受到极高赞扬的处境不同,"神勇虎"型人格女孩所面对的更多的则是来自周围的压力与打击。

无论在生活中还是在学习上,"神勇虎"型人格女孩都是勇敢坚强的,她们不在意外界的任何压力,能朝着自己既定的目标努力,不犹豫,不后悔,所以她们在生活和学习上很容易取得成绩。

但因为"神勇虎"型人格女孩过于想成功,又一心扮演"偶像"的角色,所以她们会面临很大的心理压力。同时,如果她们在学习上无法实现"称王称霸"的愿望时,则会把成功的视野更多地扩展到生活中,大胆挑战某些禁忌,容易发生早恋、当"霸王花"欺负小同学等负面现象,以显示自己的"勇敢"与"坚强",更有极少数人会走上歧途,贻误终身。

闪光点1:让梦想迅速照进现实

在小的时候,所有的女孩子都爱做梦,想学习成绩最好,想最受老师喜欢……但许多女孩一遇到残酷的现实,很快便会把这些梦想抛到脑后。可"神勇虎"型人格女孩却不然,她们会想尽一切方法实现自己的梦想。

最可贵的是,在遇到一些失败与打击的时候,她们很容易快速调整好自己的心态,重新挑战。所以,如果家长引导得好,"神勇虎"型人格女孩在人格品质上会发展得十分完美,取得超常的成绩。

八岁那年,涵涵在学校练习滑冰时,不小心小腿摔骨折。手术后,涵涵疼得撕心裂肺。可她并没有像病床里其他手术后的孩子那样,哭闹个不停。我和她爸爸不停地劝她:要疼得厉害了,你就赶紧说出来,咱们和护士要止疼药。

涵涵却坚定地摇摇头,说:"我能忍住,护士说了,止疼药吃多了,对记忆力有影响。"

手术后没几天，涵涵就开始要求复习功课，我劝她说等出院后再说吧，可她却执拗地说："我可不能把学习落下了，不然，就会成留级生的。"

出院后，为了能早些去上学，涵涵每天坚持做康复性训练，有时一不小心摔倒了，疼得额头上冒出豆大的汗珠，却怕我和她爸爸不让她锻炼，连声和我们说不疼。因为努力，她只在家进行了两个月的康复性训练就可以上学了。同病房的两个女孩子和她受的伤几乎一样，却在家养了不下半年才上的学。

通过这次意外，我才真正看到了女儿身上的闪光点，在爱怜她的同时，也感到无比的自豪和欣慰。

——八岁女孩涵涵的母亲

从这个例子中我们可以看出，在面临突然的打击时，"神勇虎"型人格女孩会表现出一种超常的勇敢和坚强，在这种时候，她们还是念念不忘自己的人生梦想，让周围的人不禁肃然起敬。

在这种情况下，其他人格类型女孩的家长通常所做的工作，不是鼓励就是哄劝，但"神勇虎"型人格女孩的父母此时所要做的工作，是要劝慰孩子不要太好强，要学会心疼自己——在面临打击和痛苦时，孩子是有权软弱哭泣甚至耍脾气的。

闪光点2：像"偶像"一样去战斗

与其他人格的女孩不同，"神勇虎"型人格女孩所崇拜的偶像，大多不是什么娱乐或体育明星，而是成人世界所公认的成功人士，比如官员、专家、企业家等，除了看中这些偶像的成功外，她们还十分注重这些人的人格魅力。

当然，还有一部分"神勇虎"型人格女孩，她们所崇拜的偶像是普通人，她们看中的是他们的品质，比如积极阳光、坚忍不拔，等等。

无论崇拜哪种偶像，"神勇虎"型人格女孩会始终不太显露自己的倾向，因为在很多的时候，她们自己也没有认识到，自己在崇拜和模仿一个人。家长如果在这方面引导得好，这类女孩就会像一颗找到了自己轨道的人造卫星一样，向着家长所希望的美好前程"惯性"飞行，使他们少操很多的心。

第二章 "神勇虎"型人格女孩：回归天然

艺澜九岁的时候，堂姐杨芸一家人从上海来到北京，艺澜从此便和杨芸结下了不解之缘，特别愿意和她在一起玩。杨芸从小就品学兼优，当三好学生已成了常家便饭，十一岁的时候还跳了级，考上了市里的重点中学。她已成了我们家最爱谈及的人物，一提到她，大家都油然生出一股爱意。

自从堂姐杨芸成为好朋友后，艺澜跟换了一个人似的，不但学习也不用我们怎么督促，生活上的许多事也开始"自力更生"。没过多久，杨芸的家人在提到杨芸时，也会情不自禁地捎带着夸赞艺澜一番，这让我和艺澜的爸爸心里十分受用，对孩子的将来充满了期待。

——九岁女孩艺澜的母亲

在这个例子中，艺澜以及她的父母都没有清楚地认识到，她的改变是因为受了表姐的影响。"神勇虎"型人格女孩的这种改变，并不是简单地模仿偶像的一言一行，她们看中的是偶像所获得的结果。所以，在生活和学习上，她们往往会按自己的想法去实践，最终取得跟偶像相同或类似的结果。

在这方面，她们要比"机智猴"型人格女孩更有毅力。

灰暗面1：可敬不可亲

在生活和学习上，周围的同龄人大多比较看重、甚至敬畏"神勇虎"型人格女孩，但她们的朋友却不多。最主要的原因在于她们在做事时过于直截了当，缺少"机智猴"型人格女孩的变通和灵活，在许多时候也显得太"冲"，不善于用策略，容易让对方下不了台，给人一种"假小子"的感觉。

在许多时候，她们容易把暴躁、固执当成"坚强"，把武断、轻率当成"潇洒"，这不但影响她们自身实力的发挥，在许多时候，也很容易得罪人，容易和同龄人发生冲突，出现人缘差或名声不好等问题。

家长在进行引导的时候，一定要让她们知道勇敢与坚强的真正内涵。

柳明从小就喜欢打羽毛球，在市里的比赛中多次获奖，柳明也锻炼得又高又壮，小区里的大妈们都管她叫"假小子"。上了小学后，仗着自己身手敏捷，又有力量，柳明很快就成了学校里的"霸王花"，班里许多男孩都不敢惹她。

有一次，班里有个男生欺负女孩子，柳明"拔刀相助"，结果把那个男孩打得落花流水，最后还住了院。

这件事情过后，柳明的妈妈虽然表面上也嫌女儿太粗鲁，可我知道，她心里却是暗中支持女儿这种做法的，而且还隐隐地有一种骄傲感。我心里却十分担忧。我想，这世上任何事情都要讲火候分寸，柳明的"勇敢"的确有些过火了。

上了初中后，柳明开始特别愿意和一些淘气的男孩子在一起玩，有一次，她妈妈发现她和几个男孩子在一起抽烟喝酒。此时，我们俩才意识到问题的严重性，可我们引导了好多次也没见效，柳明还是整天一副"假小子"的作风，这让我和她妈妈越来越担忧发愁。

——十三岁女孩柳明的父亲

从上面这个例子我们可以看出，如果不加以引导，"神勇虎"型人格女孩就容易把一些事情做得过火，从而走向一条"离经叛道"的人生之路。

生活中，女孩子的心态如果特别像"假小子"，用瑞士心理学家荣格的学说来分析的话，就是"阿尼姆现象"，也就是说女性心中的男性意象。

如果家长和老师引导得好，这种人格的女孩会特别真挚、勇敢，特别有上进心，长大后，还会有很强的事业心和深邃的精神世界。

但如果家长和老师引导得不好，她们则会变得情感麻木、粗糙，面临好胜心和嫉妒心增强等一系列负面问题，最重要的是，她们容易因为缺乏女性魅力，而在情感婚姻上难以开花结果。

灰暗面2：祸从口出

和超常急躁的"机智猴"型人格女孩相比，"神勇虎"型人格女孩在做事时，还是会思考一下的，但他们在谋略上远差于"谋略蛇"型及"智慧狼"型人格女孩，而且因为自我控制力较差，所以她们很容易祸从口出。

说话做事分寸感差，这也是"机智猴"型人格女孩容易犯的错，但因为"机智猴"型人格女孩反应灵敏，善于替自己圆场，寻找补救措施，所以她们沟通协调能力要比"神勇虎"型人格女孩强许多。

第二章 "神勇虎"型人格女孩：回归天然

有一年春节，阿萍的堂妹瑞瑞一家人来我们家里做客。瑞瑞是阿萍二叔和二婶从孤儿院抱养的孩子。虽然周围的熟人大多知道这个事情，但考虑到瑞瑞还小，阿萍的二叔二婶还不想挑明这件事。他们希望等孩子大一些，懂事时再告诉她，以免孩子受到感情伤害，影响成长。

为此，他们带着瑞瑞离开北京，去了陌生的广州打工，为孩子付出了很多。

瑞瑞一家没来之前，我和阿萍的爸爸曾偷偷议论过此事，当时恰好被阿萍听见了。我俩知道阿萍的脾气，说话做事不爱思考，总是感情用事。我们千叮咛万嘱咐，告诉她一定要注意。

可我们没想到，她还是闯了祸。

原因很简单，她和瑞瑞吵架，因为大家全向着瑞瑞说话，还让她给瑞瑞道歉，阿萍便发起了脾气，连声说："她是个从垃圾箱捡来的野孩子，一点教养都没有，也根本不是我们吕家的人，我为什么要给她道歉！"

当时，瑞瑞已九岁了，是个心思很细腻敏感的女孩，加之在之前也听到了有关自己身世的一些风言风语，所以阿萍这一番话，一下子刺激了瑞瑞敏感的神经，闹得阿萍二叔二婶家天翻地覆。

——十三岁女孩阿萍的母亲

从上面的例子我们可以看出，如果引导得不好，"神勇虎"型人格女孩就很容易变得任性、自负，在许多时候，为了争得一时的胜利，不惜出口伤人。

在很多情况下，她们这种行为并非存心要伤害他人，只是由于过于好胜，她们不注意观察体会周围人的心思，也无法设身处地的替他人着想，所以在情感上显得很是冷漠。

还有一点值得注意的是，如果在心态平和的情况下，"神勇虎"型人格女孩做事还是很聪明理智的，也善于做一些简单的分析，不像"机智猴"型人格女孩那般心急。但如果在紧张及气愤的情况下，她们就会失去控制力，做出许多冲动的傻事。

作为家长，要努力帮她们调整情绪，增强情绪控制力，这才是避免她们做事爱走极端的最有效的措施。

——女孩教育减法口诀

"神勇虎"型人格女孩的生活表现

孩子常见问题	家长应对方法	注意事项
不体贴父母及亲人	要坚持让孩子做一些简单的家务，并到父母及亲友的工作地点参观，让她理解生活的艰辛	引导而不批评
爱发火	理智地批评	父母有权生气，但在教育孩子时不能伤害孩子的人格，且不提及以往过失
不懂节省	教她学会理财	要让她理解节俭的真正好处，并养成节俭的习惯

"神勇虎"型人格女孩的学习表现

孩子常见问题	家长应对方法	注意事项
对同学专横、粗鲁	耐心开导	如果批评，要在没有外人在场时进行
过于关心成绩，忽视综合素质的提升	理性提醒	不要在家里形成"以分数论英雄"的风气，鼓励孩子参与家里及社会上的活动
在学习上粗心大意	要帮孩子想出解决办法	即使想不出解决方法，也不要随便批评孩子；如果批评，也要就事论事，不要牵扯过多

第二章 "神勇虎"型人格女孩：回归天然

典型人物启示

天空才是鸟儿的舞台

典型人物：拇指姑娘（动画片《拇指姑娘》主人公）

在安徒生的童话中，《拇指姑娘》的故事情节特别简单，但它所蕴涵的意义却十分深刻，可以说，这个很短很简单的故事，充分描写了"神勇虎"型人格女孩的特点，同时也告诉我们最有效的教育方法：要量体裁衣，只有适合她们的，才是最好的。

不要把自己的想法强加给孩子

在安徒生的原版故事中，拇指姑娘的出身、形象都不是很好，矮小得只有拇指大小，还被丑陋的癞蛤蟆抱走了，强迫她当自己的妻子；被鱼救出后，又被金龟子抛弃在了一片森林里。像所有勇敢的"神勇虎"型人格女孩一样，她没有被眼前的困难吓倒，她以露珠为饮，以花蜜为食，顽强地生存了下来。

但又寒冷又漫长的冬天来临了，拇指姑娘如果想过上安稳富足的生活，就要嫁给当地最富有的鼹鼠先生。鼹鼠先生爱拇指姑娘，并向她正式求婚了。按常理说，拇指姑娘应该沿着这条路走下去，可拇指姑娘还是离开了鼹鼠，去了一个山花烂漫的国度——因为拇指姑娘并不喜欢对阳光和鲜花反感的鼹鼠。这次冒险让拇指姑娘迎来了好运，嫁给了花朵的国王，一个英俊阳光的美男子。

由此我们可以看出，在"神勇虎"型人格女孩的教育中，尊重孩子的选择是很重要的，家长所充当的角色，是个引导者，而不是管理者。家长要帮她们找到最适合她们的路，而不是代替她们去选择。

要给孩子磨炼成长的时间，不能对她们要求太高

日本人把《拇指姑娘》改编成动画片后，将内容改成了拇指姑娘与恶毒的恶魔王后斗争的故事。在这一过程中，拇指姑娘遇到了各种各样的人物，在与这些人物的交往中，她逐渐改掉了调皮任性的不良习惯，战胜了恶魔，成了一个好孩子。

在这个动画片中，拇指姑娘成长的过程，为所有"神勇虎"型人格女

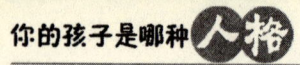

孩的成长提供了一个完美的蓝本。作为家长，父母要理解原谅"神勇虎"型人格女孩的莽撞、任性，给她们创造一个成长和成熟的良好环境，让她们自然而然地改变。

在所有十三种人格类型中，"神勇虎"型人格女孩是目标远大、对自己要求很严格的一类女孩，她们不愿意走普通孩子所走的路，想做得更好，有更大的成绩。家长要理解她们内心澎湃的激情，不要总想让她们躲在温暖舒适的"鼹鼠洞"里，因为天空才是她们施展才华的舞台。

教育减法口诀

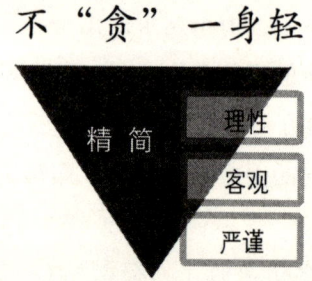

在生活和学习中，"神勇虎"型人格女孩经常对自己所做的事情不满意，她们总是在想，如果我不那样做，肯定会更好，或者是下一个肯定是最好的！在这种心态的指引下，她们总是想把一切都做得特别完美。这种想法固然好，可作为孩子，她们如果没有很好的方法化解压力，就十分容易产生焦躁情绪，不但影响她们的心理健康，还会减慢她们的进步速度，甚至容易发生意外。

家长要帮助"神勇虎"型人格女孩精减脑子中的理想和愿望，减轻她们的心理压力，让她们保持天然轻松的心态，而不是像成人世界的一些人那样，心中"物欲横流"。

教育减法口诀1：理性

上小学六年级那年，同学家买了一套高档的卡拉OK音响。每天放学后，我便跑到她家唱个没完。因为唱歌耽误了时间，作业只是草草应付，我的学习成绩很快降了下来。

后来，妈妈知道了这件事。她没有揭穿我的把戏，而是对我说："你

第二章 "神勇虎"型人格女孩：回归天然

那么爱好音乐，妈妈决定给你报个音乐培训班，长大了好当歌唱家。"

我听了这话，连连摇头，说："我可不去学，我最烦学五线谱了，上音乐课时，一看到那些'小蝌蚪'，我就头疼。我也不想当歌唱家，我一上台，腿就发抖。"

妈妈听了后，意味深长地说："是呀，艺术是很难走的一条路，最难的地方是，它不只是刻苦就能成功，还需要有极高的天赋，而这种天赋是许多人都不具备的，所以只能当成业余爱好了。"

我听了，明白了妈妈的意思，以后再放学，就安心地写作业，不再去同学家胡闹了。

——北大高考状元胡珊珊

在例子中，珊珊妈妈知道女儿脾气大，又倔犟得要命，所以，她发现"唱歌事件"后，她没有批评孩子，而是巧妙地进行引导，让孩子理性分析自己的行为，然后自发自愿地进行改正。

从这个例子中我们可以看出，许多时候，"神勇虎"型人格女孩做事容易冲动，不爱动脑筋思考，所以在许多时候，她们很容易分心，做一些自己不该做的事。

家长此时要做的工作就是引导孩子尽量保持理性的心态，摆脱各种诱惑，努力去做自己应该做的事。

教育减法口诀2：客观

上小学三年级时，我们班转来了一个农民工的孩子，名叫李玉娇。她的学习成绩特别差，而且性格也不好，总爱和同学吵架。那时，我是个特别淘气的女孩子，因为不喜欢李玉娇，就开始欺负她。

我先是给她起了个外号叫"炸药包"，然后就不停地捉弄她，不是在她背后贴骂人的纸条，就是把她的书包藏起来，看着她急得哇哇大哭。

父亲知道这事后，气得不得了。可他是一个很聪明的人，并没有像许多父母那样骂一番就完事了，而是精心地想对策。

不久后的一个星期天，父亲带着我和表妹到乡下的大棚里去采摘草莓。为了让我们了解乡下的情况，采摘完草莓后，父亲就带我和表妹参观村里的小学。那个学校破破烂烂的，竟然没有椅子，学生们坐的是一种简易的长条凳。那时还是初春时节,气温也只有两三度,可那个小学竟然没有任何取暖设备。

我说:"真难想象,这么冷,他们上课时怎么写字呢!"

父亲说:"在咱们国家,乡下许多地方的教育条件就是这样艰苦的,有的比这里还差呢。学生一边上学,一边要帮家里干活。即便在这种环境下,有些刻苦的孩子还是取得了特别好的学习成绩,真是让人钦佩。"

见我没说话,父亲又说:"听说你们班里也有一个来自贫困地区的孩子,这回你知道了她的生活环境,应该更理解她、同情她,所以要努力帮助她快速提高学习成绩。"

自此后,我对李玉娇多了一份同情和理解,不但再也没有捉弄她,还主动帮她补习功课,和她成了好朋友。

——北京某某公司总裁李帆

在这个例子中,我们可以发现,要想让"神勇虎"型人格女孩保持冷静客观的心态,做家长的,自己首先要起到榜样的作用。对不善于进行细腻深入思考的"神勇虎"型人格女孩来说,乏味的说教是没有用的,她们需要具体的实践,对一件事情有真切的体验,这样才能在内心进行真正的转变。

在例子中,女孩李帆所遇到的问题,表面看上去很小,而实际上却是包容心和理解力的问题。如果孩子缺乏冷静客观的思考能力,会影响到她们的心胸视野,她们内在的潜力也无法完美发挥出来。

教育减法口诀3:严谨

上小学一年级的时候,"六一"那天,学校里举行文艺会演,班里的女孩子大多被选上去表演节目了,可我却因为缺乏女孩的柔美而被排除在外。当时,我并没有在意,倒是母亲有些过意不去,找到老师,"强行"把我加到一个舞蹈节目里。

那时,我长得特别壮,粗胳膊粗腿的,混在一群小巧娇柔的女孩子当中,像羊群中的狼,特别别扭。只排了一天,我就烦了,但我知道是母亲走了"后门",我才表演上的,所以也不好意思放弃,只能硬着头皮应付。

母亲看出了我的问题,劝我说:"你虽然长得壮,可从小就好动,手

脚总比别的孩子灵活,妈妈相信你一定会跳好的。"

我说:"可同学们都嘲笑我,说我跳得像大灰狼。"

母亲说:"跳舞是一个很科学严谨的事,你要想想,你是不是每一个动作都做对了,每一个节拍都跟上节奏了。如果做到位了,同学们一定不会嘲笑你的。如果你粗枝大叶的,不专心跳,同学们当然要嘲笑你了。"

听了母亲的话,我开始严格要求自己,训练时超级认真,努力做到完美。果真没几天,就没人嘲笑我了。

——上海复旦大学研究生吴蔷

许多时候,"神勇虎"型人格女孩做事时容易冲动,这种冲动过去后,她们就会对自己所做的事情缺乏兴趣,但她们往往不会像"机智猴"型人格女孩那样,马上放弃。他们会为了面子而坚持下去,但认真的程度会下降,变得越来越粗枝大叶。

在这种情况下,家长就要像例子中的母亲那样做好引导工作,告诉她们:要么放弃,要么坚持;如果不放弃,就力求做好,绝不能应付。

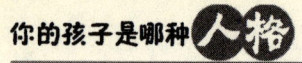

第三章 "洒脱龙"型人格女孩：
向不完美"妥协"

代言动物

洒脱龙

> 她们像神秘莫测的龙一样，在很小的时候，就显示出超凡的组织和谋划能力。她们做事时洞察秋毫，善于等待时机，所以很容易取得好成绩。但是如果家长引导不好，她们容易过于在意自己的利益得失，容易变得自私和虚伪。

人格小档案

	外在表现		内在表现
着装偏好	穿着上比较端庄大气，色调偏冷，很有威严感与权威感	最佳伙伴人格	"才华马"型人格 "神勇虎"型人格
言谈举止	从容得体，有贵气，能根据情境需要而设定表情、谈吐，脸上几乎从不泄露真实情绪	最佳人格表现	完美

人格优劣势

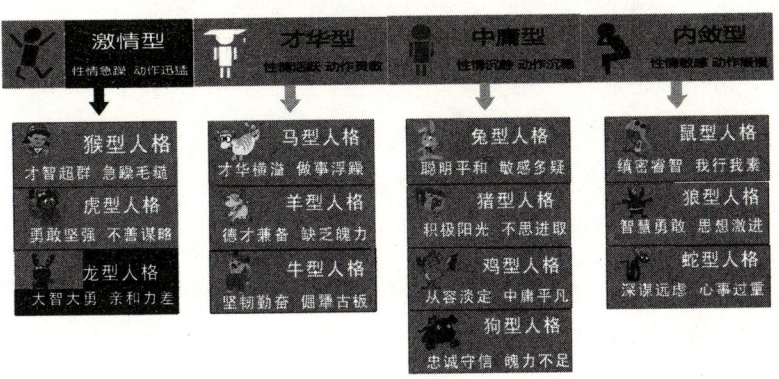

气质类型

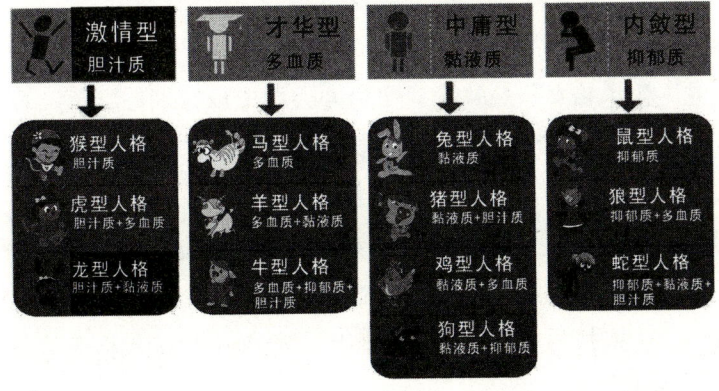

——女孩教育减法口诀

核心人格特征

永远有理

有一段经典的老相声，讽刺一个固执己见，永远自我感觉良好的人，并给他起了个外号叫"常有理"。

对于"洒脱龙"型人格女孩来说，她们跟相声里这个"常有理"一样，让人时刻感觉到她们的固执与自负，她们会像偶像剧明星一样，用自己的聪明和演技，将一切做得天衣无缝。

最让父母们骄傲的是，"洒脱龙"型人格女孩身上有一种超越她们年龄的成熟与气度，许多孩子会不自觉地被她们吸引到身边，把她们当成自己的"知心姐姐"。

许多粗心的"洒脱龙"型人格女孩的父母大都会有这样一种错觉：女儿是完美的天使，没有一点瑕疵。其实，如果家长引导不好，"洒脱龙"型人格女孩十分容易陷入作秀的怪圈中，她们精心地为自己打造了一个又一个完美的光环，却忽视了人生许多有价值的东西，诸如亲情、友情等，扭曲了自己的心。

闪光点：让方方面面都满意

"洒脱龙"型人格女孩是激情型这个大类型中最特别的女孩，她们善于掩饰自己的感情，情绪控制力也比"机智猴"型和"神勇虎"型人格女孩强，所以在有些时候，有些家长竟然会认为她们不是外向型的女孩。

因为超强自信，加之又很善于"借势"，所以无论在生活和学习上，"洒脱龙"型人格女孩都很容易成功，而且很善于发挥自己的"管理"和"驾驭"能力。在激情型人格的三种类型中，"洒脱龙"型人格女孩是家长操心最少、最好教育的一类。

"洒脱龙"型人格女孩同"神勇虎"型人格女孩一样，也十分注重自己的声誉和形象，但与"神勇虎"型人格女孩不同的是，她们更关注的是自己能否获得自己所追求的利益和好处，达到"物质和精神"双丰收的圆满结果。为此，她在实干的同时，也知道如何"巧干"，充分运用谋略，以达到"四两拨千斤"的完美效果。

第三章 "洒脱龙"型人格女孩：向不完美"妥协"

新杰上了初中后，英语成绩一直不太好。当时，家里经济条件很不好，没有钱给她请家教，报补习班。新杰知道家里的情况，也不和我提这件事，我知道她是在自己想办法。

没多久，她就兴冲冲地对我说，她以后每周六都要去同学沈丹家，和沈丹一起接受老外家教的辅导。

我说："他们怎么会让你一起去听呢？他们得多付钱的。"

新洁说："沈丹的爸爸妈妈是公司老板，整天都在忙着公司的事，沈丹不愿意自己一个人在家，我这样做，也是为了帮她。"

——十一岁女孩新杰的母亲

从上面这个例子中我们可以看出，在生活和学习上，"洒脱龙"型人格女孩是十分善于"借东风"的，但在这个过程中，她们会动用自己的智慧，把一切都安排得合情合理，实现自己利益的最大化。

"洒脱龙"型人格女孩从小就知道舆论的力量，所以她们做事时，特别注重方方面面的利害冲突，总是能找到很好的办法，既让大家面子上都有光，自己也能获得实实在在的好处。

灰暗面1：重形式，轻内容

"神勇虎"型人格女孩重视的，是自己的正面形象和荣誉，在生活和学习上大都不会有作秀或弄虚作假的现象。而"洒脱龙"型人格女孩则不然，他们既在意他人的赞扬与好评，同时也想得到一些实际的利益。

如果家长和老师引导得不好，在生活和学习上，当现实与她们的愿望有出入时，她们就容易走极端，做事过于注重形式而轻视内容，或不善于磨炼自己的真功夫，而是凭借自己的胆量和智谋，屡出险招，有时甚至采取欺骗的方式。

荣荣是周杰伦的粉丝，去年周杰伦在北京开演唱会时，她非要和同学晓菲一起去。我嫌票价太高，没有让她去看。荣荣想了想就说："演唱会可以不看，但那天我要和晓菲去看场电影，算是对我的补偿。"我当时想都没想就答应了她。

没过两天，晓菲的母亲见到我就跟我抱怨，说晓菲前几天要了600多块钱买了双耐克鞋，她看着就像假的，可晓菲就是不承认。

我觉得这件事有点蹊跷。后来有一次，荣荣给晓菲打电话时小声说着看周杰伦演唱会的美好感受，恰好被我听到了。此时我才恍然大悟，原来这个有主意的孩子和我玩了个计策：

她和晓菲的票一共花了700元，她们手头的压岁钱有200元，另外500元则是荣荣设计"骗"来的——她让晓菲同妈妈要了600元钱买耐克鞋，结果只是花了100元买了双假的，剩下的钱都拿去买票了。为了不让我心疑，她还提前向我说明要在那天去看电影，作为不看演唱会的补偿。

这个荣荣简直是个"诸葛亮"，如果不是我偷听到了电话，真的被她蒙在鼓里了。

——十三岁女孩荣荣的母亲

在这个例子中，荣荣设计"骗钱"的本领让大人们"刮目相看"，特别让人惊异的，是她在整个"骗钱"过程中所表现出来的镇定与"从容"，真可谓"胆大心细"。这件事虽看上去不大，但反映出的问题却很严重——孩子为了私欲而"不择手段"。

此时，如果父母引导得不好，孩子就会逐渐形成这样的为人处世的准则：世上的事只要表面应付过去就可以了，为了利益，完全可以明里一把火，暗里一把刀。

灰暗面2：利字当头

在人生理想方面，"神勇虎"型人格女孩只是对自己的公众形象有较高的要求，会表现出自己的勇敢、坚强和大方。而"洒脱龙"型人格女孩则不然，她们想让自己方方面面都完美：学习要好，人缘要好，穿戴要好，谈吐要好……

因为奢望得太多，她们很容易变得"贪婪"，做什么事都要衡量一下利益得失，大有"无利不起早"的势头。

如果家长和老师引导得不好，"洒脱龙"型人格女孩会变得特别的自私虚伪，会养成一种很极端的心态：不成功，毋宁死。这样极容易造成一些心理问题，比如轻微强迫症。

莎莎的表妹肖芸学习成绩特别好，父母对她抱着很大的希望，觉得老家教学质量不好，所以送到北京来上学。听说肖芸要来，莎莎也没有表现

第三章 "洒脱龙"型人格女孩：向不完美"妥协"

出有多不高兴，肖芸来了后，她也表现得很有礼貌。可没过多久，两个人的关系就变得疙疙瘩瘩的了。

我多次问过肖芸，莎莎有没有欺负她，肖芸都摇头说没有。但从她的眼神中我可以看出，莎莎对她采用了"冷暴力"的方法，让肖芸心里虽难受，但又挑不出毛病。

不久，莎莎的姨夫肖大国来北京，给莎莎买了一件700多元的羽绒服，临走又偷偷给了她200元零花钱。此后，莎莎对肖芸马上"像春天一样温暖了"。可过了不到两个月，她又变脸了。只有她的姨夫或小姨过来后，给了她好吃的、好玩的，她对肖芸的态度才能多云转晴。

我批评过莎莎好多次，可她总反驳我说："我对妹妹很好啊，你有什么证据说我欺负她了呢？"弄得我也不知说什么好。

后来我和妹妹说起此事，妹妹说："小孩子，就是这样爱吃爱玩的，有点私心也正常。我也不怕花这点钱，你就别介意了。"

可我心里还是很担心，不知如何让莎莎改掉这个坏毛病。

令人欣慰的是，莎莎的母亲已经意识到了女儿存在的心理问题，只有认真加以引导，让她认识到自己这种于人于己都无益的"问题"，她才有可能从这种轻微强迫症中跳离出来。

在这个例子中，莎莎的母亲已意识到了孩子出现的问题，这还是很难得的，因为只有意识到问题的存在，才能努力想办法去解决问题，把孩子的不良人格控制在萌芽状态中。

现在，对于"洒脱龙"型人格女孩的这一弱点，许多家长都是很不当回事的，如同例子中莎莎小姨的态度一样。有许多家长竟然认为，孩子"利欲熏心"并不是什么坏事，这样将来走向社会后才能不吃亏。

可他们并没有想到这一点，一个人如果把利益当成人生的第一追求，那么亲情、友情、爱情、爱国之情等这些东西就都会被忽略掉，甚至成为追求利益的交易砝码。那个时候，对于家长来说，她们就有可能成为你最熟悉的"陌生人"，甚至最熟悉的"敌人"。

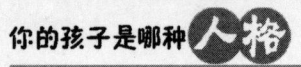

——女孩教育减法口诀

"洒脱龙"型人格女孩的生活表现

孩子常见问题	家长应对方法	注意事项
为人处世过于追求完美	耐心解释，化解其顾虑，让其重视过程，淡看结果	不要只说大道理，要说自己小时候做事的经验教训，让她自己体验感悟
内心骄傲，比较强势	帮她们分析周围同学、朋友的优缺点，让她学会理性评价他人	让她知道合作的真正意义，以及什么事情和在什么情况下应向他人妥协
口是心非	慧眼识破，并巧妙揭穿	揭穿时，表达要委婉，重要的是要让孩子知道父母的态度，不要非得一争高下

"洒脱龙"型人格女孩的学习表现

孩子常见问题	家长应对方法	注意事项
和同学"拉帮结派"做坏事	给她和"帮派"的同学找一些有意义的事去做，比如各种比赛、公益活动等，分散其注意力	不可强行拆散其"帮派"
一味应付老师家长，不够刻苦	要看透孩子的真实动机，批评时要一针见血	向孩子讲明学习的实质，让其把心机用在学习上，而不是用在对付老师和家长上
在分数上对自己过于苛刻	不要在分数上给她施加压力，让她学会理性面对成绩	慢慢改变，不可强求

第三章 "洒脱龙"型人格女孩：向不完美"妥协"

典型人物启示

爱心是比智勇更无敌的武器

<u>典型人物：贝尔（动画片《美女与野兽》主人公）</u>

在美国动画片《美女与野兽》中，贝尔可谓是个楷模型的知性美女，是优秀"洒脱龙"型人格女孩的代表。动画片虽然讲述的是一个爱情故事，但深挖其内涵，就会发现，它所展示的其实也是贝尔的心灵成长史。

面对人生的诸多困境，贝尔的所作所为，是值得所有"洒脱龙"型人格女孩的父母三思的。

<u>面对利益的诱惑时，要问问自己的心，是否值得付出</u>

动画片中，主人公贝尔没有爱上英俊、强壮、富有的年轻猎人加斯顿，而是选择了丑陋、暴躁、身陷困境的野兽。因为贝尔以"洒脱龙"型人格特有的敏锐，很快看透了这两者各自的为人，所以她才能在那么复杂的情况下，理智地做出抉择。

这是很值得家长们三思的。

在现实生活中，许多"洒脱龙"型人格女孩在遇到各种利益的诱惑时，大都无法像贝尔把握得这么好。她们大都有一种熊掌和鱼肉兼得的心态，觉得以自己的聪明一定能把天下的好处占尽，既要选择富有的野兽做丈夫，同时还要把英俊强壮的加斯顿占为情人，而不会像贝尔那样理智地做出取舍。

作为家长，一定要巧妙引导，让她们学会如何理性应对名与利的诱惑，无论是在生活还是在学习中，都要坚守一些重要的人生原则和底线，诸如良心、孝心、爱心等。

<u>要让孩子明白，在困境面前，单有机智与勇敢是不够的，要用爱心做基础，才能所向披靡</u>

在动画片中，贝尔的勇敢与机智是十分突出的：她能巧妙避开加斯顿的纠缠；能一个人跑到荒无人烟的古堡里去救父亲；能与野兽正面交锋，据理力争。但这些并不是她取得胜利的根本。她的胜利缘于爱心。

她不顾自己的安危，用自己做人质将父亲救出，这充分证明了她的爱心。同时，对于古堡里的仆人，她也是充满了同情与友爱。她的爱心感动了蜡烛台卢米亚、茶煲太太、小茶杯阿齐、闹钟葛士华等人，在大家的共同帮助下，才战胜了加斯顿的攻击，让野兽变回了王子。

家长要让"洒脱龙"型人格女孩明白世事人情的复杂性,但同时一定要告诉她们如何保持和坚守自己的爱心,让其能"保鲜"一辈子。因为这样不仅能给周围的人带来快乐与温暖,也是她们获得幸福的最好捷径——因为在这个世界上,对于一个"洒脱龙"型人格女孩来说,爱心是比智勇更无敌的武器。

教育减法口诀

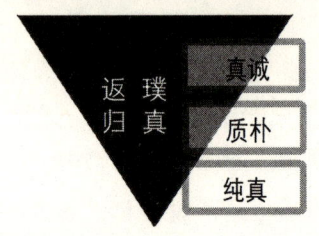

要本色不要演技

返璞归真 — 真诚 / 质朴 / 纯真

在"洒脱龙"型人格女孩看来,一个人做事,既要有面子,又要得好处。所以无论是在生活还是在学习上,表面看来,她们把一切都做得完美,为自己戴上了一张人见人爱的人格面具。但如果和她们相处时间长了,周围的人就会发现,她们的心中缺乏魅力人格的许多基本要素,比如真诚、质朴和善良。

作为家长,一定要引导她们返璞归真,不能一味地"表演"。

教育减法口诀1:真诚

初一那年,班里一个叫卢挺的男孩特别喜欢我。当时我的学习成绩特别好,怕早恋耽误学习,所以根本不想谈恋爱。况且卢挺性格大大咧咧,也不太会体贴照顾人,根本不是我喜欢的那种类型的男孩。

可是,我并没有拒绝卢挺。一方面卢挺是全年组最帅的男孩,爸爸又是公司老板,是学校里许多女孩心目中的白马王子,他追我,我自然有面子。另一方面有个人积极地为我提供各种免费的好处,何乐而不为呢,所以我很受用地享受着他带来的小恩小惠。

因为没有一丝感情的投入,这份初恋虽然一直持续到初三,可却一点也没有耽误我的学习。两年后,渐懂人事的卢挺已明白了我的想法,黯然退出。为了摆脱感情上的痛苦,卢挺还转了学。尽管如此,这次失恋还是耽误了他的学习,害得他没考上理想的大学,最后只能去了北京的一所民办大学。

第三章 "洒脱龙"型人格女孩：向不完美"妥协"

——北京某公司职员吴锦

从这个例子中我们可以看出，在人际交往上，"洒脱龙"型人格女孩十分善于掩饰自己内心的真实想法。即便与之亲密相处的人，也会觉得她们"像雾像雨又像风"，令人捉摸不定。对此，家长一定要进行重点引导，要使她们能珍惜亲情、友情、爱情等一切美好的感情，而不能虚情假意，利用他人。

家长要告诫她们，这世上所有的事都经受不住时间的考验，真的假不了，假的真不了。只有真心真意地对待周围的人和事，才能收获一个完美的人生。

教育减法口诀2：质朴

我有两个漂亮的堂姐，和我年龄相仿。老大叫玉青，老二叫玉洁。小的时候，我和所有亲戚都喜欢玉青，因为她特别会说话，做事也极其干练洒脱，让人挑不出一点毛病。可玉洁就不行，不但不会说话，做事也不讲任何技巧。

我上小学五年级那年，得了一场大病，急需输血。因为我的血型比较特殊，周围亲人中，只有母亲以及两个堂姐和我的血型相配。可当时母亲的身体特别不好，上班时经常晕倒，所以医生坚决不让她献，而是希望两个堂姐来献。

因为我需要的血液较多，医生希望两个堂姐每个人献一点，这样，对每个人身体的伤害能少一些。可就在此时，玉青却"病"倒了。虽然她也对母亲和二叔说自己可以坚持去献血，自己病得不严重。玉洁见状，就劝大家不要让玉青献血，她自己完全能挺住。

第二天，玉洁就给我献了血。献血一结束，玉青的"病"就神奇地好了，让大家心里很是不舒服。只是苦了玉洁，她的体质本来就不太好，因为献血较多，之后她又得了好几次病，用了一年多才恢复过来。

——上海某大学学生关月回忆往事

在这个例子中，在利益得失面前，"洒脱龙"型人格女孩玉青的表现就很不好，虽然她想好了点子进行掩盖，但时间长了，大家还是会看透她的真实想法。

"洒脱龙"型人格女孩聪明智慧，既有激情型人格女孩热情奔放的性格，也有中庸型人格女孩做事的火候分寸感，同时也有内敛型人格女孩的深藏不露。所以,她们有实力让自己迅速变得"老谋深算",甚至"诡计多端"。可这样做的结果是,她们只得到了眼前的利益,却给将来的婚姻事业以及人际交往都留下无数后患。

教育减法口诀3:纯真

有一次,我参加了一个报社举办的作文比赛。后来作文获奖了,得了800元奖金我一下成了班里的"小富婆"。见我有了钱,同学于敏就偷偷地来和我借。她说要买一个MP4,还差200元钱,说等下个月过年时得了压岁钱就还我。我当时不说同意也不说不同意,而是用眼睛盯着于敏书桌里的日本进口的HELLO KITTY玩具。于敏一狠心,马上把她最喜欢的那个HELLO KITTY的毛绒玩具给了我,我这才答应了她。

后来母亲知道了这件事后,特别生气,让我马上把玩具还给于敏。并对我说:"于敏是你的朋友,她想让你帮忙,如果你觉得能帮上就帮,觉得帮不上和她解释清楚原因就可以了,何必和人家要好处。"

我争辩道:"我根本没要,是她主动给我的。"

母亲叹了口气说:"你是大院里最聪明的孩子,鬼点子那么多,还用直说吗?你太好强了,芝麻大的事也要想上三天三夜,太耗费心神了。妈妈还是希望你学学邻居小敏,瞧人家做事,总是做得很自然,所以她整天都高高兴兴的,不像你那么累。"

母亲那次说的话对我影响很大,此后,在生活和学习上,做每件事时我都力争做到自然妥帖,不再打小算盘。慢慢的,我就觉得自己生活中的乐趣越来越多,烦恼越来越少了。

——北京某大学学生田新

在这个例子中,这个"洒脱龙"型人格女孩的母亲说出了自己的担忧,但并没有把自己对女儿的希望表述得很朦胧。其实,她是希望女儿能有一个自然纯真的心态,做事时不要太过于盘算计较。

有许多家长不太理解纯真这个词,把它与"幼稚"混淆在一起。纯真,其实指的是一个人的做事原则:真诚守信,不纠缠于个人利益,对一切事情都能看到其阳光正面的东西。而"幼稚"是指一个人做事不成熟,知识面窄,理解问题时也不能全方位考虑。

对于"洒脱龙"型人格女孩来说,保持纯真,其实也是对她们超人智慧与谋略的保护,使她们能始终把握好自己,不把路走偏。

才华型

十三型人格

才华马

仁爱羊

坚韧牛

才华型人格女孩篇：
细水长流，享受生命每一天

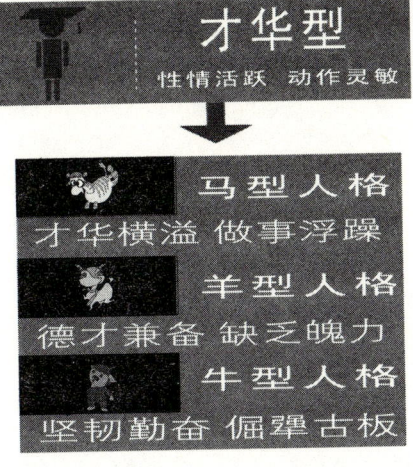

激情型人格概述

气质类型	细分类型		优势与劣势	情绪控制力	核心竞争力	典型人物
多血质	"才华马"型人格	多血质	才华横溢做事浮躁	不爱冲动，情绪控制力强	才情闪耀，见多识广，是不可多得的人才	菲奥娜
	"仁爱羊"型人格	多血质+黏液质	德才兼备缺乏魄力	不爱冲动，情绪控制力较强	善良，乖巧，可爱，品德几乎完美	奥杰塔
	"坚韧牛"型人格	多血质+抑郁质+胆汁质	坚韧勤奋倔犟古板	不爱冲动，情绪控制力很强	默默耕耘与奉献，不管成败荣辱，总能保持较好的心态	仙杜瑞娜

第四章 "才华马"型人格女孩：
才华不是万能钥匙

代言动物

才华马

> 她们才情闪耀，能说会道，很小的时候就是父母引以为傲的"才女"。可她们也常常因为才华而变得自负和浮躁，在与他人交往时，很容易以自我为中心。

人格小档案

	外在表现		内在表现
着装偏好	热烈，有朝气，无论多大年龄，都充满青春气息，形成了不同于常人的鲜明个性	最佳伙伴人格	"机智猴"型人格 "乖巧兔"型人格
言谈举止	脸上经常充满自信与积极的笑容，与他人产生矛盾时，总是容易在言谈举止中表现出来	最佳人格表现	才艺

人格优劣势

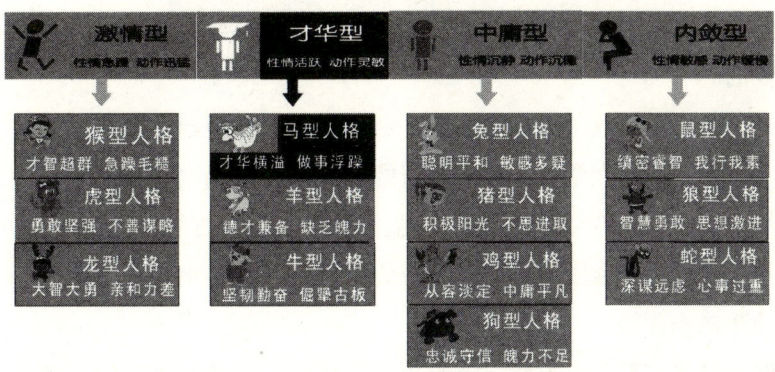

气质类型

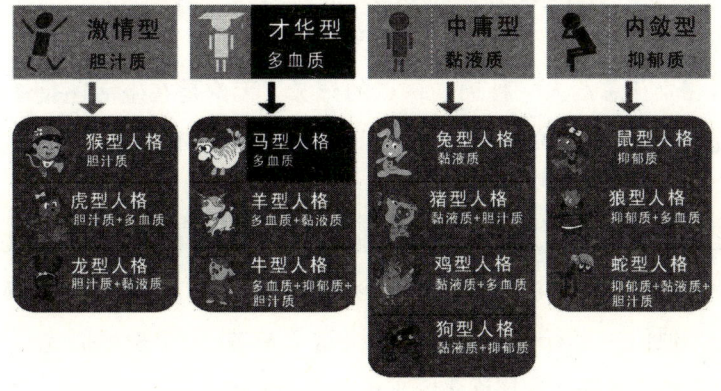

——女孩教育减法口诀

核心人格特征

有才艺，人生才有意义

才华型人格的女孩情绪控制力好，同时性格又偏外向，所以她们从小就会在很多方面表现出超人的才华。其中，"才华马"型人格女孩是最有代表性的。

她们的才华与其他人格类型的女孩不同：既有自己的突出项目，同时又多才多艺。所以在学校，那些重视综合素质发展的老师特别喜欢这类女孩子。在如今这个特别注意孩子学习成绩和综合素质的年代，"才华马"型人格女孩在生活和学习上还是十分吃得开的，容易出现"人见人爱、花见花开"的局面。

但如果家长引导得不好，因为"才华横溢"，"才华马"型人格女孩也容易被宠出一大堆坏毛病，比如骄傲自大，不懂得欣赏他人的优点，遇到困难时心理承受能力较差等，从而成为一个大毛病没有、小毛病一堆的"才女"，生活和学习也容易出现众多解不开的疙瘩。

闪光点：超一流的模仿力与创造力

因为做事专注，思路较宽，又善于同周围的人学习沟通，所以"才华马"型人格女孩总给人一种锦心绣口的感觉。无论是在生活还是学习上，无论遇到多么复杂难缠的事情，她们都会凭借自己的性格及才能优势，在短时间内轻松解决。

最让父母骄傲的是，她们培养兴趣的过程很快，也能把兴趣爱好长时间地坚持下来。在遇到挑战时，她们会这样想："看看那些成功的人是怎么解决的，他们一定有很好的方法解决这个难题！"于是她们先是模仿，然后再自己创造发挥，这样许多困难也就迎刃而解了。

在上小学六年级的时候，薇薇在县里举办的演讲比赛中获奖，一个月后还要到省里参加全省小学生演讲比赛。可此时，县教委的一个老师却告诉她，她的普通话不标准，有当地口音。

可广东话与普通话相差太大，在我们县里，根本找不到普通话能达到甲级的老师，我们又没钱让她去省里培训。我心里特别发愁。薇薇想了

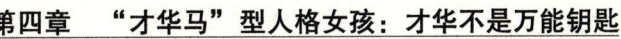

第四章 "才华马"型人格女孩：才华不是万能钥匙

想，说有一个最见效的办法，那就是每天戴着耳机，仔细听收音机里播音员的播音。

于是，薇薇开始一字一句地模仿了起来，为了更见效果，她还把电视和广播节目主持人的话录下来，在随身听里反复播放，然后一遍遍地模仿。

出乎大家的意料，只过了半个月，薇薇的普通话就练得像播音员一样好了，在省里的比赛中，她得了第一名。当时，许多评委老师都以为她是在北京长大的孩子，根本不相信她是广东一个小县城里土生土长的孩子。

——十二岁女孩薇薇的母亲

在这个例子中，在那么短的时间内，"才华马"型人格女孩之所以做出惊人的成绩，善于模仿、总结与创造是重要因素。她们的模仿和创造之所以效果那么好，能做到许多孩子做不到的事，是有多方面因素的。

首先，因为神经类型的原因，她们情绪控制能力较好，所以她们可以沉住气，潜心去做一件事，不太容易受外界干扰。

其次，她们对自己的能力十分自信。"才华马"型人格女孩是从小在大人们的赞扬声中长大的，所以她们拥有的那份自信是融入骨髓当中的，如果她们用心地去做一件事，就会爆发出强大的内在推动力，在模仿的同时，也很容易探索出一条独特的成功之路。

灰暗面1："万能钥匙"心态

因为才华出众，整天被包围在众人的赞扬声当中，"才华马"型人格女孩极容易骄傲。这个时候，如果家长引导不好，她们沉静的心态就会受到很大的影响，在做事的过程中，她们会过多地去想结局以及他人的夸耀。

此外，在很多时候，她们也会错估自己的实力，把自己想成"万能钥匙"，这样她们遭受失败打击的概率就会大大增加，自信心会受到很大的影响。

上小学四年级的时候，班里一个同学在省里的钢琴比赛中获了奖，在全校升国旗后，校长隆重地表扬了她，还给她发了奖状和奖品。当时，我特别羡慕，就央求妈妈也带我去少年宫学习。

父母特别鼓励我学钢琴，觉得这样一是可以增进我的修养，二是如果拿下了高等级证书，在小升初择校时也会有用。可奶奶却不太同意，觉得我现在学有些晚，此外，放学后以及周六、周日，我还要去补习班学习英语、奥数和作文，奶奶怕我时间和精力不允许，就劝我不要再学了。

我说："我从上学起，成绩一直是第一名，英语和奥数比赛也拿了那么多奖了，学钢琴有什么难的。"

因为起步晚，我学钢琴特别吃力，进步得也特别慢。奶奶劝我，如果特别喜欢钢琴，英语和奥数的课外补习就要放弃一个，不然相互影响，哪个也学不好。可我却不愿意放弃，总觉得以自己的才智，很快就能把钢琴学好，同时也不会影响奥数和英语，熊掌和鱼肉可以兼得。

可最终的结果却很惨，几年过去了，我的钢琴、奥数、英语，哪个都没学精。成绩也不像原来那么好了。

——北京市某中学高中生齐晓

在这个例子中，在对孩子学习的引导上，"才华马"型人格女孩齐晓的父母是有问题的。他们没有顾及孩子的实际情况，一味想让孩子出成绩。而齐晓自己又十分"好大喜功"，对自己的实力估计不足，结果因摊子铺得过大，出现了"样样通、样样松"的尴尬局面。

青少年时期"才华马"型人格女孩出现骄傲自满情绪是十分正常的，在她们看来，自己什么都能玩得转。

诚然，在十三型人格的十三种分支人格中，"才华马"型人格的综合素质的确是最好的，但这并不意味着她们没有弱项。

家长一定要客观地帮她们分析自身实力，让她们充分发挥自身潜能。如果她们的某一项能力表现得不如其他能力那样突出，就不要贪多求大或者一味地跟潮流，要帮她们选择她们最喜欢、最能发挥好她们特长的项目。

灰暗面2：因浮躁而急功近利

在遇到失败与打击的时候，如果家长和老师引导得不好，"才华马"型人格女孩就容易出现这样一种情况：她们会变得越来越浮躁，做事不再像原来那么专心，总想以最小的代价快速获得成功。

同时，如果在长时间内看不到她们所希望的成功局面，她们甚至会对自己的才华和能力产生怀疑，这会对她们的生活和学习产生很大的负面影响。

上七年级的时候，因为得了一场重病，我住了一个月的医院，又在家里静养了两个多月。再回到学校时，我的成绩就有点跟不上了。当时已快到期末了，学校怕我升到八年级跟不上，就希望我能留级。

我坚决不同意，一直以来，我都是尖子和老师最喜欢的好学生。我可不想当让人嘲笑的留级生。况且都是学过的课了，再重学一遍，也让人心烦。可没想到升到八年级后，尽管我很努力，可终因落下的课太多，我的成绩一直也上不去，后来竟然成了班里的差生。

此时，我忽然没了学习的动力，开始怀疑自己得病后人变笨了，所以可能自己无论怎么努力都无法取得好成绩了。

——广东某学校八年级学生佟雅

在这个例子中，在遇到挫折后，佟雅之所以没能战胜困难，在很大程度上与她浮躁的心态有关。这种浮躁心态与"机智猴"型人格女孩所表现出来的急躁心态不同。急躁只是做事风格上的问题，因为想快速出成绩，所以在做事的过程中会出现毛糙、漏洞多等问题。

而浮躁是心态上出了问题，变得不冷静、不客观。它所造成的负面后果要比急躁大得多，涉及一个人生活、学习的方方面面。比如，会出现轻浮、做事无恒心、见异思迁、不安分守己、投机取巧、脾气古怪等问题。

在这种时候，家长要引导孩子，不能为了面子就不按客观规律办事，要冷静面对生活中的磨难，允许自己在生活和学习上出现暂时性的退步，接受自己进步及提升缓慢的现实。这样才能不乱方寸，把自己的实力和潜能发挥出来。

"才华马"型人格女孩的生活表现

孩子常见问题	家长应对方法	注意事项
取得成绩后有些骄傲自大，对父母及周围的人没礼貌	批评时要采取提建议的方式，在快乐的氛围中提出来，不要让孩子感到压力	不要提及"骄傲"、"自大"这样的敏感字眼，而要用"低调"、"平和"这样的中性词
遇到多次打击后，不能很快振作起来将所做的事情坚持下去	讲明做事时"享受"结果的重要性	慢慢开导，不能操之过急
爱与同自己一样有才华的孩子攀比	努力化解其负面情绪	让她说出自己心里不愉快的感受，同时把负面情绪发泄在唱歌、运动等积极的活动中

"才华马"型人格女孩的学习表现

孩子常见问题	家长应对方法	注意事项
总是瞧不起没有才华的人，且经常恶语伤人	经常用身边鲜明的例子向她证明，人的魅力是多方面的，并不是只体现在才华上	不要用教训的口吻，而是用探讨的口吻交流
总想拥有更多的才能，结果却影响了学习成绩	举例让她明白，做事要有主有次，不能眉毛胡子一把抓	要劝她客观看待自己的才能，不要产生自己是"天才"、"神童"的想法
学习成绩下降后，怨天尤人，或者认为自己脑子变笨了	提出具体的改进方法并监督孩子执行	不要空洞地说教

第四章 "才华马"型人格女孩：才华不是万能钥匙

典型人物启示

小弱点并不影响成功

典型人物：菲奥娜（动画片《怪物史莱克》主人公）

从古至今，几乎所有的童话里公主都是美丽无双的，所以她才能得到勇敢英俊的王子的爱。可在动画片《怪物史莱克》中，这个美好的童话却被打破了：公主菲奥娜白天时拥有美丽的外貌，晚上却会变成怪物，可她却赢得了史莱克的真爱，并冒死把她从火龙手中救了出来。

这个颠覆性的故事迷倒了全世界的女孩子，同时，这里面所隐含的深刻思想也十分值得家长们借鉴的。

让孩子学会客观地看待自己的弱点

在动画片中，菲奥娜是一个典型的"才华马"型人格女孩，她的才华可以从一个小侧面体现出来：在被囚禁的过程中，她竟然不忘苦练武功，所以她有着一流的身手。

菲奥娜的弱点是十分明显的——到了晚上的时候，就要由一个美丽的公主变成一个怪怪的丑姑娘。但实际上，菲奥娜已接受了自己不美的一面，她乐观开朗，还非常善良，这是十分难得的。

"才华马"型人格女孩来并不是完美主义者，她们很容易调整好自己的心态。所以在对"才华马"型人格女孩进行引导时，家长一定要发现她们身上的闪光点，然后帮助她们发扬光大。有了自己独特的优势，她们自然就不会过于在意自己身上的弱点或劣势，便能很好地保持自己的平常心。

良好的品格才是决定人生成败的第一要素

在动画片中，菲奥娜并不在意史莱克的丑陋，她喜欢的是他的善良、乐观、勇敢以及宽厚的优点。而史莱克也被菲奥娜独特的性格以及善良的天性所吸引。

当然，在这一过程中，菲奥娜的心里也是很没谱的，她也拿不准史莱克是否把容貌看得很重,所以她总是不停地掩盖。在现实生活中,许多"才华马"型人格女孩也有这样的担心:自己虽有才华,品学兼优,但却有一些明显的小弱点,生活和学习上肯定很难成功。

对此,家长一定要让孩子明白,才华是一个女孩子获得成功的一个很重要的因素,如果再能拥有优秀的品格,就一定能获得幸福和成功;对于自己的弱点,要慢慢改正,但不要当成负担。

教育减法口诀

才华,要用一生的时间去磨炼

当代社会对才华的理解是很宽泛的。一个人如果能摆脱所有束缚与干扰,沉下心去做一件事,并把它做得很完美,与普通人拉开较大的差距,这就是才华。因为神经类型的关系,"才华马"型人格女孩在做事时有先天性的优势,所以极容易成为"才女"。

家长所要做的工作是让孩子能沉下心,永远保持新鲜感,不停地打磨自己的才华,使其越来越闪亮。

教育减法口诀1:不卖弄

在上小学二年级的时候,我的同桌于姚在一次全国少儿歌唱比赛中得了一等奖,一下成了学校里的小明星。自那以后,于姚的父母和班主任一下子把她捧上了天,使得她的性情变了很多:对同学开始爱答不理的,有时还特别霸道;大家在一起说话时,如果话题不以她为中心,不让她唱一首歌,她就会很不高兴,有时甚至会拂袖而去。

慢慢的,大家开始都不喜欢她了。

有一次,她生病了,老师希望我们选几个代表去医院看她,可大家谁

第四章 "才华马"型人格女孩：才华不是万能钥匙

都不愿意去。后来，于姚出院后知道了这件事，哭了好几天。

——北京市某中学高中生方艳

在这个例子中，"才华马"型人格女孩于姚在得奖后心理发生了很大的变化，这本是很正常的事——"才华马"型人格女孩很容易把才华看得高于一切。在于姚取得成绩后，家长和班主任本应做好引导工作，让她既看到自己的优点，同时也能稳住心神，不飘飘然，那么后面的事情就不会发生了。

在这方面，"才华马"型人格女孩还是很好改变的，因为她们的自控力大都比较好。当然，这方面的教育要把握好火候，不要因一味地强制孩子保持低调，倒弄得她们自信心不足。

教育减法口诀2：不自恋

尹莉是我的小学同学，她虽然不是那种冰雪聪明的女孩，可做事特别会找方法，而且条理清晰，所以她方方面面都很优秀。可尽管这样，班里的女生却都不太喜欢她。

举一个很简单的例子：班里哪个女孩子穿了件漂亮的新衣服，她从来没有赞扬过，总是会挑出一千零一个毛病，最后会归到一点上："如果穿在我身上，一定会特别完美！"

有一次，她说她爸爸换了公司，所以要搬家，她有可能得换学校。见大家没什么反应，她又说："我真的特别不想走。我怕我走了，咱们班的成绩就没法成为年级第一名了，还有校三好学生的名额也会被六（2）班抢走，还有学校的演讲比赛，咱们也拿不了冠军了……"

尹莉一个人兴冲冲地说着，可我和其他女生都没有接她的话茬，很快把话题转到了别的地方。

——上海市某企业员工肖蕊

在这个例子中，"才华马"型人格女孩尹莉各方面都很优秀，可与同学的关系却很紧张，这与她的自恋人格是有很大关系的。通常来说，"才华马"型人格女孩一般是不会形成自恋人格障碍的，这种现象多数会发生在内敛型人格的几个分类型的人身上,主要原因在于"才华马"型人格女孩的性格偏外向,喜欢与他人沟通。

如果家长引导得不好,这种人格倾向会影响与他人的关系,同时,也不利于自身的发展。家长和老师在引导的时候要把握这样一个指导思想:适度的自恋是没什么问题的,会让孩子产生自我价值感,会提升其自信心,但一定要让孩子把握好尺度,不能伤害其他人的自尊心。

教育减法口诀3:不攀比

在上小学四年级的时候,我家里买了一辆漂亮的红色宝马车,车座套则是苏州老家带来的,上面有手工刺绣的图案,特别精致,班里的女孩子都特别喜欢。

吕莲看到我家的新车,心里很不舒服,因为她爸爸开的是一辆特别旧的夏利车,车里面也脏兮兮的。此后再上学时,她总是离学校很远就下车了,不让她爸爸把车开到校门口。

吕莲在各方面都把我当成一个竞争对手,虽然她并没有想哪方面都胜过我,可一旦她发现与我差得太远,心里就会不舒服。此后很长时间,吕莲人都显得有点蔫,学习成绩降了很多,她一直比较擅长的作文也不像原来那么好了,参加了几次比赛都没有获奖。

不久,吕莲家得了一笔可观的拆迁费,买了一座很大很漂亮的房子,吕莲一下子恢复了原来的热情与自信,盛情邀请同学去她家玩。不久后,她的学习成绩就显著地提升了,作文也几乎篇篇都成了老师读给大家听的范文。

整个小学阶段,吕莲的情绪就这样反反复复地不停变化,我觉得她活得很辛苦。

——广州市某大学学生工洪苗

一个小孩子有才华,就会受到许多人的关注,时间一长,她们就会习惯这种关注。一旦这种关注少了或者没有了,她们就很容易生出不平衡感。这种情感,其他人格的孩子也会出现,但都不会像"才华马"型人格

第四章 "才华马"型人格女孩：才华不是万能钥匙

女孩这样明显，因为她们把自己的才华以及家境等看得太重。

家长和老师在引导的时候，要让她们把关注点集中到自己做事本身的快乐中，让她们更多关注过程，而不是过分关注结果。此外，家长也不能一味地满足她们的虚荣心，以免她们变本加厉。

家长要让她们明白这样一个道理，在生活和学习上，不如意的事会占十之八九，我们不能太在意，要努力想那些让我们高兴的事，这样心里就会很平衡。

第五章 "仁爱羊"型人格女孩：要有主角心态

代言动物

仁爱羊

> 她们善良，乖巧，可爱，品德几乎完美。无论是在学习上还是生活中，周围的人总能从她们身上感受到春天一样温暖的气息。可她们做人做事过于循规蹈矩，如果家长和老师引导得不好，她们容易变得胆小懦弱，缺乏创新和挑战精神。

人格小档案

	外在表现		内在表现
着装偏好	清新，自然，尽量与周围的孩子保持一致，很少显示个性	最佳伙伴人格	"机智猴"型人格 "实干鸡"型人格 "洒脱龙"型人格
言谈举止	心境平和，常面带微笑，几乎从不冲动发火，给人容易亲近的感觉	最佳人格表现	仁爱

人格优劣势

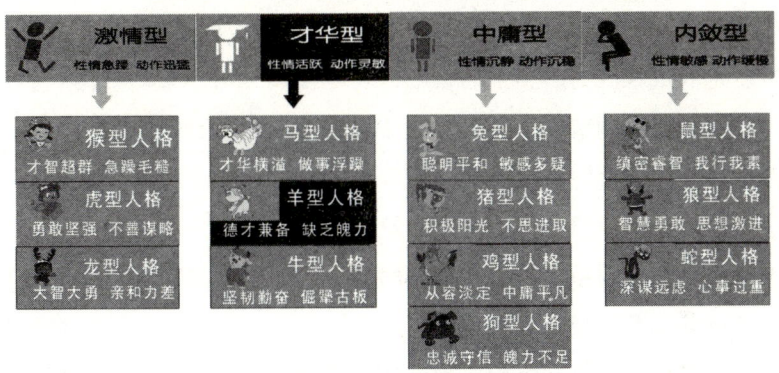

气质类型

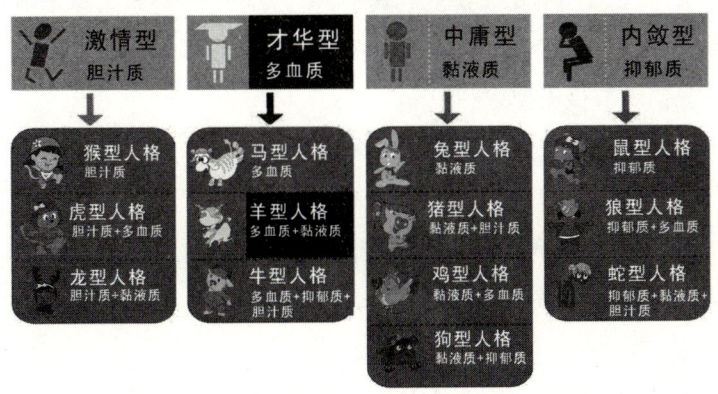

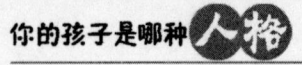

核心人格特征

"和平鸽"

因为情绪控制力特别好,总能让自己保持在积极理性的状态中,所以,许多时候,"仁爱羊"型人格女孩在同学和朋友中都扮演和事老的角色。虽然她们很难成为圈子中的核心人物,但因为有极好的人缘,所以在许多时候,她们的调节也会起到"化干戈为玉帛"的神奇效果。

在生活和学习上,"仁爱羊"型人格女孩也是很有才华的,但因为不善于扬长避短,所以总是很难发挥得像"才华马"型人格女孩那样淋漓尽致,无法做到德才兼备。所以在很多时候,大家更称道的是她们在人际协调、品德修养方面的超一流表现。

因为过于在意自己在道德层面的完美形象,在许多时候,她们既缺乏"才华马"型人格女孩的创新精神,做事时也容易出现虎头蛇尾的尴尬局面。此外,因为过于好面子,不想得罪人,她们也很容易被欺骗利用。

闪光点:"四心"女孩

在"仁爱羊"型人格女孩身上,真、善、美集于一身,在做事时,她们也能做得很好,且一直保持积极的态度,所以在很多的时候,家长和周围人都觉得她们十分像天使。

更难得的是,这种真诚、积极、温暖的人格,是从她们心底自然散发出来的,不像"洒脱龙"型人格女孩那样有"表演"的成分,也不像"乖巧兔"型人格女孩那样缺乏积极和阳光的感觉。所以在很多时候,她们都被称为"四心"女孩:对亲人真心,对朋友诚心,让家长欢心,让老师放心。

兰静上小学四年级时,我生了小光。生完小光后,我的身体一直比较弱,因为精力不足,对小光的照顾也很不够。兰静特别懂事,知道我身体虚弱,所以每天都抢着照看弟弟。我没想到,兰静那么心灵手巧,没过多久,就学会了给弟弟热奶、喂奶,不久还学会给弟弟换尿布等高难度的活儿。

起初的时候,我还以为兰静是小孩子过家家的心态,只图几天新鲜,

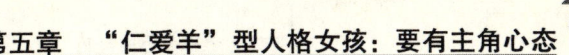

第五章 "仁爱羊"型人格女孩：要有主角心态

过一阵子就不会帮我了。可没想到，三年过去了，兰静始终如一地在帮我，而对弟弟的关怀和爱也越来越深，有时候似乎都超过了我。

有一次，妹妹来家里看我，谈起兰静，我心里真是十分感慨，我说："不知道我前世修了什么福，生了兰静这样一个好女儿。如果我真的哪一天病得倒在床上起不来了，我都能安心地闭上眼睛，我相信她一定能像我那样把弟弟抚养成人。"

——十三岁女孩兰静的母亲

从上面这个例子我们可以看出，在人际关系处理上，"仁爱羊"型人格女孩是十分有优势的，她们能很好地控制自己的心境，永远保持"晴空万里"，而且在许多时候，她们不在意付出是否能得到回报，正像歌曲里唱的那样：从不寂寞，从不烦恼。

在许多时候，如果父母引导工作做得十分到位的话，"仁爱羊"型人格女孩在生活和学习上会始终都表现得十分出色，在出现危机或挫折时，她们也能很好地进行心理调节，不用父母操太多的心。而且因为懂事，她们会早早地成为父母在生活中的好帮手和小"参谋"。

灰暗面1：磨掉闪光点

在许多时候，"仁爱羊"型人格女孩也会因过于"懂事"或者"会来事"而出问题：她们会失去自己独特的个性与判断力，容易在各个方面都表现得十分平庸。

此外，因为过于在意自己在品德上的修炼，她们往往不太注意自己才能或潜能的开发，在很多的时候也表现得不自信。如果父母、老师引导得不好，慢慢的，因为得不到良好的开发，她们身上的才华和潜能就会被暗暗消磨掉。

香草三岁的时候，就对画画特别感兴趣，而且画的东西也特别有灵气。于是，四岁的时候，我就让她进了一个私立培训学校学画画。开始时，她的进步还是十分大的。可上了小学后，她很快当上了班长，之后又当了大队委，因为整天忙着帮老师做事，她在美术上投入的热情就少了许多。

又过了两年，香草学习班里的同学大都在画画上有了很大的成绩，好多孩子的作品在比赛中都获了奖,有的还在报纸杂志上发表了,香草的画却一直没取得什么成绩。最后,见她热情越来越小,而且也缺乏自信心,我便不让她去培训班学习了。

——十一岁女孩香草的母亲

在这个例子中,香草本来是一个很有才华和天赋的孩子,可后来由于在学校做班干部,占用了很大一部分时间和精力,冷淡了自身才能的培养,这的确是一件很让人遗憾的事。

作为父母,在许多时候要做好这样一项引导工作:让孩子懂得取舍,同时要保护好孩子自己的个性和闪光点。

因为,一个孩子太想充当"天使"的角色时,便有了令人忧虑之处,那就是她会在此而耗费本不应耗费的时间和精力,同时为了保持较好的人际关系,她们也会消磨掉自己个性中许多闪光之处,变得平庸甚至庸俗,这会对她们将来事业甚至婚恋产生许多负面影响。

灰暗面2:用逃避与放弃"麻醉"自我

其实,在才智上,"仁爱羊"型人格女孩与"才华马"型人格女孩是没什么太大差别的,但很多"仁爱羊"型人格女孩却不能像"才华马"型人格女孩那样,很早就会把自己的才华完美地表现出来。一方面是因为她们缺乏竞争意识,另一方面也是因为她们会满足于自己在同学朋友中的良好人缘,以及在家中"好帮手"的积极形象,做事或学习时缺乏强烈的进取心。

如果她们在做事或学习中出现了问题,她们也不愿意花费太大的力气,去改正或寻找新的解决思路。她们会想:反正做过了,成与不成顺其自然吧,反正自己人缘好,也不会有人责难或嘲讽自己。

晓芬和她表妹雪杰在一个班上学。起初的时候,两个人的学习都差不多,可后来晓芬的成绩就下来了。我和她爸爸都十分着急,晓芬自己却不在意。她总爱对我们说她在班级的事,说她的朋友比雪杰多,人缘也比她好。

有一次,她的成绩考得特别不好,我和她妈妈心里都很不高兴,便详细询问她考试成绩不好的原因。她说了半天也没说清楚。最后她妈妈提到

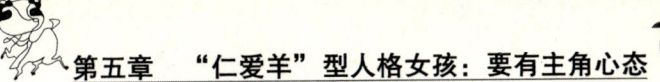

第五章 "仁爱羊"型人格女孩：要有主角心态

了雪杰的优异成绩，说希望她能多向雪杰学习。

晓芬叹了口气说："雪杰天生脑子就聪明，根本不用费力就能考好。我费了很大的劲，可不知为什么就是考不好。"

我听了，心里十分不高兴，说："雪杰哪里是因为天生聪明，她在学习上下的工夫比你要多好多。你还是陪同学玩闹的时间太多了。如果你肯努力，又专心，就一定会像雪杰那么好的。"

晓芬却根本没有听进去我的话，还是认为自己脑子天生就不如雪杰好用，所以绝不跟她比学习成绩。

——十二岁女孩晓芬的父亲

在这个例子中，"仁爱羊"型人格女孩晓芬显然是对自己的学习缺乏信心，在遇到问题时，她首先想到的不是去解决，或者去与他人竞争，而是给自己找台阶下。

晓芬之所以成绩不佳，可能与父母给她的有效鼓励较少有关。有效鼓励是指父母能发现孩子身上与众不同的闪光点，同时也知道如何有效激活这些闪光点。

因为竞争意识不强，"仁爱羊"型人格女孩不可能在发现自己潜能和闪光点上下工夫，这方面需要父母多加努力。

"仁爱羊"型人格女孩的生活表现

孩子常见问题	家长应对方法	注意事项
个性不足，做事时容易人云亦云，缺少主见	帮其培养个性魅力	对此事不能操之过急，要通过看书学习以及一些暑期活动等来慢慢改变
不善于发现自己的优势，更不会利用自己的长处	要进行有针对性的鼓励与赞扬，同时让她能清晰地感受到，她身上真真实实地存在着你所赞扬的品质	要通过具体实例为其剖析
容易被他人利用	做孩子的知心朋友，随时发现并帮她解决出现的问题	提醒时，话只说到三分即可

"仁爱羊"型人格女孩的学习表现

孩子常见问题	家长应对方法	注意事项
在学习方面严重偏科，哪个老师管得比较严格，她就重点学哪科	培养她对各个学科的兴趣	不要用训斥的口吻强行干预
在学习上缺乏进取心	要在交谈中经常提到她的闪光点，以及你对她殷切的希望	不要总拿她和身边学习好的孩子对比，以免伤害其自尊心
做事不能完全发挥自己潜在的才能	用激将法"逼迫"其放开手脚	在"逼迫"的同时，一定要找到有成效的好方法

第五章 "仁爱羊"型人格女孩：要有主角心态

典型人物启示

做最好的自己

典型人物：奥杰塔（动画片《芭比之天鹅湖》主人公）

一个女孩子，在白天时是一只天鹅，到了晚上才能变成美丽的公主。这是动画人物奥杰塔的悲剧，也是所有"仁爱羊"型人格女孩的悲剧：她们不知道自己内在的巨大能量，也不知道自己可以告别平庸，成为有才情、有魅力的女孩。

在动画片《芭比之天鹅湖》中，这个古老童话被赋予了许多新的元素，奥杰塔已不再仅仅是拯救自己，而是要拯救整个魔法森林的动物。奥杰塔之所以有如此神奇的力量，是因为她得到了一颗有魔法的水晶。

在现实生活中，家长们要想让自己家里的"仁爱羊"型人格女孩由天鹅变成公主，也要给孩子两块魔法水晶，让她们看到自己潜在的才华和闪光点，做到最好的自己。

真正走入孩子的世界，做她的知心朋友，让她发现自己的闪光点

在《芭比之天鹅湖》中，独角兽丽娜的形象十分值得家长们三思。作为芭比的朋友，丽娜把她带到天鹅湖，并引导她拔下紫水晶，让她认识到自己潜在的才能，而且还始终陪伴在奥杰塔身边，不断给她提供着各种有益的建议和指点，而奥杰塔也十分愿意听从她的意见。

在现实生活中，许多家长也都知道，和孩子成为知心朋友，才能真正说服她们，真正帮她们找到闪光点。但许多家长却无法成为孩子的知心朋友，关键的原因是，他们不能做到这一点：快乐着孩子的快乐，悲伤着孩子的悲伤。只有用心去体味孩子的喜怒哀乐，才能真正走入孩子的世界，提供的建议才恳切实用，才能做到知心。

此外，家长们还要注意一个问题，就是要做好从朋友到家长之间的自然过渡，在遇到许多重大或紧急的事情时，一定要马上"恢复"理性睿智的家长形象，做好孩子的"保护神"和指路明灯。

引导孩子自己解决生活中的矛盾和难题，不要一味地依赖家长

动画片《芭比之天鹅湖》对童话传说和舞剧《天鹅湖》的情节做了很

大的改动。在原来的故事中,奥杰塔在被魔法师奥德蒂变为天鹅后,并没有找到解救自己的方法,与王子的相遇也是很偶然的一件事。

而在动画片《芭比之天鹅湖》中,芭比是为了解救小动物们才被奥德蒂变成白天鹅的。她勇敢的和小动物们费尽周折去找森林全书、去参加皇宫盛大的舞会。当王子把奥德蒂的女儿罗夫巴特错认成奥杰塔后,芭比依然不放弃拯救森林和动物们的理想。

所以,我们可以这样评价动画片《芭比之天鹅湖》中的奥杰塔:她展现的是一个发现了自己内在潜能和才华的"仁爱羊"型人格女孩的形象;原来的童话和舞剧中的奥杰塔,展现得更多的是"仁爱羊"型人格女孩的弱点:没有发现自己潜在的能量,过于依赖他人。

在生活中,"仁爱羊"型人格女孩虽然有积极阳光的天性,但却大都像被施了魔法一样,得不到很好的发挥,所以虽然善良如天使,却给人一种平庸的感觉。家长一定要引导和督促她们,善于发挥自己的潜能,独立解决问题,慢慢把自己最好的一面展现出来。

教育减法口诀

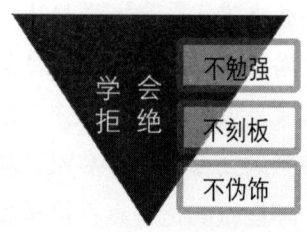

对于"仁爱羊"型人格女孩来说,因为特别想"取悦"他人,显示自己的"懂事"与"可爱",她们总是要做许多自己不爱做或根本做不好的事情。同时在许多时候,她们也容易盲从于他人,附和他人说一些自己不想说甚至是不爱说的话。

所以,在对"仁爱羊"型人格女孩进行教育时,要让她们学会尊重自己内心的真实想法,拒绝那些应该拒绝的东西,树立自主意识,这样在学习和生活中,才能把自己潜在的才华发挥出来。

第五章 "仁爱羊"型人格女孩：要有主角心态

教育减法口诀1：不勉强

上了初中后，每到周末的时候，妈妈总是让表姐来给我做家教。表姐从小就貌美如花，又因为成绩优秀，傲气得不得了。后来考上北大后，人飘得都快在地球上待不住了。所以我特别不喜欢她给我做家教。

在辅导时，我略微反应慢了点，她就会气呼呼地嘟囔一整天，让我特别心烦。我希望在周末的时候能去书店看看书，或者在家听听音乐。如果要请家教的话，我也希望请一个温柔敦厚的人，不要像表姐这么"野蛮"。

我委婉地向妈妈表达了自己的想法后，妈妈像被烫着了似的，一口回绝了我。她说，表姐是北大的高材生，又品学兼优，她求了多少次，说了多少好话，表姐才肯帮这个忙的。

妈妈这么一说，我一时也想不出别的拒绝理由。毕竟，在妈妈心目中，表姐就是下凡的天仙妹妹，她来我家，就是天天骂我，我也能受到无数的"熏陶"，沾上她的"仙气"。

没办法，以后我每周还是得忍受表姐的"折磨"。

——十四岁女孩田美薇

在这个例子中，田美薇之所以情愿忍受表姐的"折磨"，主要原因还是出在"仁爱羊"型人格女孩的弱点上。因为过于在意他人的感受，同时在人际交往中自主性又很弱，所以她们总是勉强地接受一些自己不愿意做甚至对自己有害的事。

有些时候，"仁爱羊"型人格女孩做事时，总想找一些两全其美的方法，让方方面面都过得去。这种想法却大都难以实现，最终反而容易出现好心办错事的情况。

所以，父母和老师在对她们进行引导时，一定要让她们明白：在学习和生活中，有许多事是不能勉强的，该说"不"的时候，一定不要说"我试试吧"。

教育减法口诀2：不刻板

小学五年级的时候，我到在沈阳的奶奶家过寒假。在广州的时候，我每天都要早起晨练。为此老师没少夸我，还让我当了体育委员。在我们学校，当体育委员的女孩子可没有几个。为此我更加努力了，几乎做到了冬练三九,夏练三伏。

可到了沈阳,冰天雪地的,我特别不适应。没过几天,我就感冒了。可我并没在乎这些,照样每天坚持锻炼。

奶奶不停地劝我,让我休息,以免感冒加重。可我就是不听。我想,我一直是大家的榜样,万一老师同学知道我偷了懒,该多不好。

结果没过几天,我便得了肺炎。在医院里躺了近半个月,害得大家都没过好春节。

在医院里,妈妈不停地埋怨我不懂事,病成那种样子还挣命似的出去跑步,太死心眼。

这次生病给我留下了极为深刻的印象,此后我做事的时候就变得灵活多了。

——广州某大学学生柳芳

看到这个例子,也许许多家长和老师会觉得奇怪,对于偏外向、自我控制力又比较稳定的"仁爱羊"型人格女孩来说,按理来说不应该发生如此刻板的事情。

其实"仁爱羊"型人格女孩所表现出的"刻板",大都是因为她们过于想"取悦"他人。如果家长和老师引导得不好,她们会出现许多"口是心非"的情况,这样时间久了,她们必将出现内心无比纠结的状况,对其身心健康是十分不利的。

所以,家长要有意锻炼她们灵活对待周围事物的能力,让她们慢慢学会尊重自己内心的真实感受。

教育减法口诀3:不伪饰

我上七年级的时候,舅舅家的生意一下火了起来。舅妈有了钱,顿时像换了个人似的,说话做事都变得异常高调,穷人乍富的庸俗,在她身上体现得淋漓尽致。

妈妈特别为舅舅骄傲,家里来了人,没说三句话,肯定要聊到舅舅。如果舅妈来到我们家,妈妈就把她当"第一夫人"接待,提前嘱咐我和弟弟要表现得乖。弟弟总是表现得不好,舅妈走后,就会遭到妈妈"无情地批判"。而我则总是因为表现得超乎意外得好,而屡屡受到妈妈的表扬。

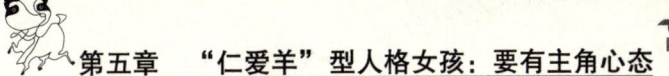

第五章 "仁爱羊"型人格女孩：要有主角心态

不久，姥姥得了重病，妈妈和小姨都给姥姥拿了很多钱治病，可舅妈却拦着舅舅不让给。妈妈生舅妈的气，开始对她冷淡了许多。可我已形成了习惯，见了她，依然像过去一样"热情似火"，过后一细想和她说过的那些话，心里也很别扭。

——十四岁女孩霍芹

在这个例子中，因为母亲在教育上的失误，女孩霍芹养成了有些"造作夸饰"的处世习惯，这对她的个性培养是十分不利的。不过，"仁爱羊"型人格女孩的这个负面人格是比较好纠正的，她们纯粹是为了维护自己温柔典雅的形象而故意为之的，而不像"诚信狗"型人格女孩，她们"取悦"是因为存在着心理依赖，所以家长在纠正时较为吃力。

对于"仁爱羊"型人格女孩所表现出的这种矫饰，父母和老师在引导时，不要一针见血地进行"揭露"，只要不赞扬、不支持她们这种做法，她们大都会"自动"恢复淳朴的本性。

第六章 "坚韧牛"型人格女孩：
坚韧不可能改变一切

代言动物

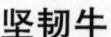

她们默默地耕耘与奉献，不管成败荣辱，她们依然无怨无悔——她们享受的是完美的过程。但如果父母和老师引导得不好，她们的这份耐心与坚持也容易演化成固执与保守，只顾眼前，不顾长远。

人格小档案

	外在表现		内在表现
着装偏好	简单朴素，对流行时尚不感兴趣，给人踏实可靠的感觉，但常常落伍	最佳伙伴人格	"才华马"型人格 "诚信狗"型人格 "乖巧兔"型人格
言谈举止	温和，平静，甚至有些木讷，但"牛脾气"上来时，火气很大	最佳人格表现	坚韧

第六章 "坚韧牛"型人格女孩：坚韧不可能改变一切

人格优劣势

气质类型

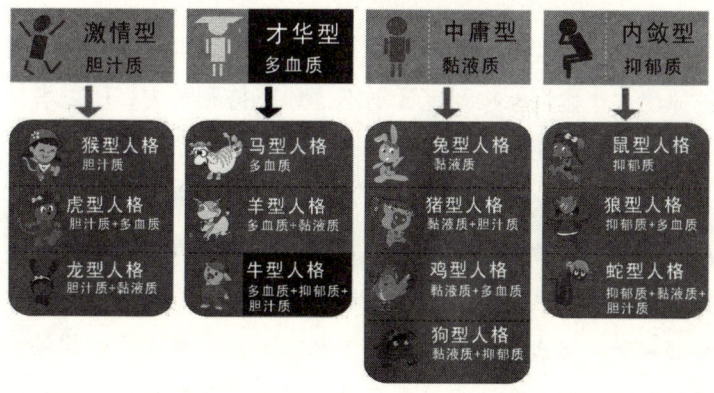

核心人格特征

完美的"逆境商"

对于自己想做的事,"坚韧牛"型人格女孩大都很少犹豫,不管过程有多长久,她们都会耐心地坚持着自己所做的事,她们喜欢"在路上"坚持的感觉,总是在想:只要坚持住,就能不断提升,做成大事,世界会因我而动。

正因如此,在学习上"坚韧牛"型人格女孩总是能拥有扎实的基本功,所以她们的成绩很稳定。同时因为基础打得好,将来走向工作岗位时,她们的动手能力会十分强,容易胜任特别复杂的工作。

但如果家长和老师引导得不好,她们人格当中固执古板的一面就会占上风,做事不懂变通,思想守旧。此外在人际交往中,她们也会因为过于较真而经常与他人发生摩擦。

闪光点:船到桥头自然直

俗话说:船到桥头自然直。意思是事情到了关键时刻,一定会出现突然的转机,如有神助一般。这当然只是一句宽慰的话,多数人都没有这种好运。

可许多"坚韧牛"型人格女孩在做事时,却可以轻松实现这一美满的结局,关键原因在于她们能按原定计划不停地坚持和努力,所以事情总会因为她们的坚韧和执著而发生巨变。

婷婷九岁那年,她奶奶的风湿病开始加重,使得走路很困难,要靠双拐帮忙。后来婷婷爸带着老人去一个著名的老中医那看病,老中医给开了个方子,回来照着方子熬了几次药,她奶奶的疼痛果然减轻了许多。

可当时婷婷爸经常出差,我们公司又经常加班,根本没时间按时给老人熬药。婷婷知道此事后,便主动要求跟着我学习熬药的方法,说以后她会坚持给奶奶熬药。

当时,我们以为婷婷是心血来潮,三天的热度而已。可没想到,婷婷学会熬药后,竟然雷打不动地坚持了下来。每天放学后,她便开始精心熬药,到了七点钟,会准时把熬好并晾凉的药端到她奶奶床前。

有好几次,婷婷都因为不小心,把手烫出了泡。因为心疼,我们都劝

 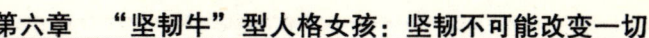

第六章 "坚韧牛"型人格女孩：坚韧不可能改变一切

她不要熬了，雇一个保姆来帮忙，可她就是不肯，说她熬的药好，奶奶吃了才能好得快。

就这样，婷婷坚持了一年多，老人的风湿病得到了有效的控制。

——十一岁女孩婷婷的母亲

从这个例子中我们可以看出，在做事时，"坚韧牛"型人格女孩的坚持力是极强的，而且在做事的过程中，她们有着极强的抗挫折能力，也就是"逆境商"较高。

在做事的过程中，"坚韧牛"型人格女孩不会像激情型人格中的"机智猴"、"神勇虎"、"洒脱龙"型人格女孩那样，特别在意结果，特别希望快速出现结果；也不会像中庸型人格中的"乖巧兔"、"阳光猪"、"实干鸡"、"诚信狗"型人格女孩那样，因求稳健而故意放慢速度，她们会很好地克制自己的情绪，不偏不倚，匀速前进，直到取得圆满的结果。

灰暗面1：知错不改

在学习或生活中，"坚韧牛"型人格女孩常会出现这样的一个尴尬局面：事情做错了，她们也有所察觉，但却不想改正。她们会想，是不是自己缺乏耐心，没有坚持下去，所以才出现这样的结局。

于是她们便容易固执己见，继续延着错误的道路，头也不回地走下去，让家长和老师十分恼火。

上八年级那年，小鹃为了在学校表演节目，和（2）班的一个男孩一起排练舞蹈，接触的次数多了，便对那个男孩有了好感。那个男孩对小鹃却没什么感觉，但因为好奇，所以也假模假式地装样子和小鹃谈起了恋爱。

我倒不是那种封建保守的家长，女儿"早恋"虽不支持，但也不想采取过激手段，强行把他们拆开，只是尽力提醒和帮助她，让她一不能耽误学习，二要把握好分寸。小鹃听进去了我的话，对自己把控得很好。

可没想到，那个男孩的家长知道这件事后，如临大敌，对他严加管教。那个男孩本来对小鹃就没什么感觉，家长一管，便不和小鹃来往了。小鹃找了他很多次，那个男孩就有些不耐烦了，对她十分不客气。

我和小鹃爸爸见此情景，便不停地劝她不要再任性下去。小鹃心里也觉得那个男孩有点问题,但思前想后,还是不听我们的话,仍坚持去找那个男孩,说一定要感化对方。让我和她爸爸又是发愁,又是担心。

——十四岁女孩小鹃的母亲

从这个例子中我们可以看出,在遇到挫折时,"坚韧牛"型人格女孩不会像外向的"机智猴"型或"神勇虎"型人格女孩那样冲动,做出不理智的行为。但她们容易犯的错误是:不应该坚持的时候,反而坚持。一方面是因为她们自信,总觉得自己的所作所为是完美无缺的;另一方面是因为她们过于夸大坚韧与耐心的能量,以为世上无难事,只要肯坚持。

此时,家长和老师一定要通过各种方法,让她们的脑子转过这个弯,让她们明白:如果一个人走错了方向,走得越快,态度越坚定,离目标就会越远。

灰暗面2:"小心眼"

和"才华马"型及"仁爱羊"型人格女孩相类似,"坚韧牛"型人格女孩在做事时,容易沉溺在其中。在许多时候,她们会因为过于想显示自己的才华,而变很"难缠";有些时候,她们又会因为过于想坚持自己的想法,对她人的理解和接纳不够,显得十分"小心眼"。

嫣红八岁那年,家里雇了一个保姆,那个女孩只有十九岁,名叫菊花。菊花能说会道,又很勤快,家里人都挺喜欢她的。可嫣红却不喜欢她,也没见她和菊花发生口角,却非要我把菊花赶走。

我问过她几次原因,她也没具体说出什么来,我就觉得也没什么大事。后来,我听菊花跟嫣红闲谈时,才知道真正的原因:菊花不欣赏嫣红的书法作品和奖状,问她得这个奖状,家里要不要交钱,因为她觉得嫣红的字写得很一般。

菊花并没有发现嫣红不高兴,又接着劝她说:女孩子练书法也没用,长大也成不了书法家——因为现在的书法家没有一个是女人。

菊花也是有口无心地随便说说,可嫣红却动了气,跟菊花争论了大半天,结果就为此事和菊花结了仇。无论我怎么劝,她也不理菊花,还执意要我把菊花赶走。

——十女孩嫣红的母亲

第六章 "坚韧牛"型人格女孩：坚韧不可能改变一切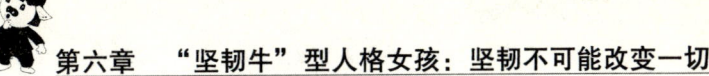

因为把心思全集中到自己所做的事情上，所以"坚韧牛"型人格女孩在与他人沟通交流的时候，总是容易固执己见，有时甚至很执拗，不懂变通。她们也常常会因此跟周围的人发生较大的矛盾。

虽然她们不会像激情型人格中的"机智猴"型或"神勇虎"型人格女孩那样，和他人发生激烈的冲突，但她们心里却很容易受伤害，会久久忘不了这件事，甚至会找机会报复对方。

在这个例子中，嫣红之所以"小心眼"，最重要的原因还是为了维护自己的"才女"形象。虽然是一件很小的事情，嫣红却反应过激。由此可见，对于"坚韧牛"型人格女孩来说，家长和老师一定要经常开导她们，让她们淡看自己的才华，同时，也要从多个角度理解对方的话，不能太"多心"。

"坚韧牛"型人格女孩的生活表现

孩子常见问题	家长应对方法	注意事项
说话时不注意措辞，让周围的人很不舒服	提醒孩子，让她注意观察对方的表情和眼神，如果对方有反感表现，一定要变换说话方式或内容	不可反应过激
做事爱钻牛角尖，容易与朋友和家人产生误解	要理解她内心的感受，并帮助她清晰地表达出自己的所思所想，缓解其压力，同时帮她找到解决问题的方法	不要将事情扩大化
发泄自己的愤怒，让周围的人下不来台	控制住她的情绪，事后严厉批评	理解孩子的心情，不打击她的人格，也不要把她往坏处想

"坚韧牛"型人格女孩的学习表现

孩子常见问题	家长应对方法	注意事项
对老师不礼貌或在课堂上顶撞老师	努力改变其说话方式，让其学会如何艺术地表达想法	不要当着孩子的面和老师沟通这件事
学习上总有一些无法克服的弱点，比如偏科等	努力让孩子认识到自己弱点的根源，以及会带来的麻烦，让她从心里产生改掉这些弱点的愿望	不要强行改变
在学习上遇到困难或挫折时，会一改平日里温和大度的性情，表现得很急躁，甚至爱发无名火	不和其正面冲突，等其情绪平复后再批评	不要给孩子施压

第六章 "坚韧牛"型人格女孩:坚韧不可能改变一切

典型人物启示

走出"怪圈"

典型人物:仙杜瑞娜(动画片《仙履奇缘》主人公)

动画片《仙履奇缘》传达的是一个简单朴素的道理:没有了华丽的礼服、漂亮的马车和迷人的水晶鞋,王子依然爱"灰姑娘"仙杜瑞娜,因为他爱的是灰姑娘的人品和个性,而不是那些身外之物。

让执拗的"坚韧牛"型人格女孩悟透这个道理却是很难的。在动画片中,"坚韧牛"型人格女孩的代表"灰姑娘"仙杜瑞娜,起初也没能理解这个道理,所以她总觉得自己一生都会是"灰姑娘",进王宫跳舞只是一个梦;所以在她失去华丽的衣饰时,她不敢面对王子,而要逃走。

作为"坚韧牛"型人格女孩的父母,至少可以从这个故事中学会两个教育她们的好方法。

鼓励孩子大胆"做梦",跳出老框框

在动画片中,仙杜瑞娜每天做着自己该做的工作,有着"坚韧牛"型人格女孩所共有的执著与勤奋。她在想:也许再努力一下,继母就会对我好起来的——她不知道,自己面对的是一个铁石心肠的女人,她再努力,再执著,也改变不了那颗冷酷的心。

神仙教母却用自己手里的神棒,轻易地改变了仙杜瑞娜的人生。其实,她并没有给仙杜瑞娜什么物质上的东西,而是给了她一种全新的人生态度。当仙杜瑞娜领悟了这一道理的时候,华服、马车、水晶鞋,对她就都不重要了。当她从皇宫跑回家后,就已经悟透了这一点,如果不是继母把她锁起来,她一定会勇敢地去找王子的。

"坚韧牛"型人格女孩的父母所要扮演的,就是神仙教母的角色。当孩子在学习和生活中陷入怪圈的时候,就要果断地结束它。不管她们是否痴迷于这样的旧生活,家长都要用手中的"魔棒"帮她们走出怪圈,选择一条更光明美好,更适合她们的路。

当然,这个方法一定要打破常规,让孩子充满新奇感,这样她们才能勇于去改变。

——女孩教育减法口诀

让孩子发现并发扬自己的独特个性

在动画片《仙履奇缘》中，神仙教母给仙杜瑞娜的水晶鞋，只适合她的脚，别人都穿不了。这一情节设计引人深思。

在现实生活中，许多"坚韧牛"型人格女孩都很容易忽略自己的个性，为了展示自己的才华，她们甚至去做一些自己不喜欢的事，而且还会顽强地坚持下去。比如本来自己不喜欢弹钢琴，却因为弹钢琴能得到奖状，老师同学还会夸自己"多才多艺"，就会硬着头皮继续学习。孩子本身不爱好的东西，是永远达不到超一流水平的。

所以父母一定要给孩子找到最适合她们穿的那双水晶鞋，这样孩子才不会在怪圈内徘徊，而会像仙杜瑞娜那样，走进一个美丽的新世界。

教育减法口诀

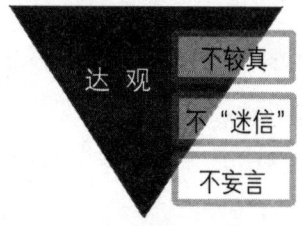

在学习和生活中，坚韧是一项可贵的品质，但如果父母的老师引导得不好，"坚韧牛"型人格女孩极有可能把这种坚韧变成固执甚至是偏执，在与人相处时，容易出现许多不必要的冲突。

所以，"坚韧牛"型人格女孩的父母一定要引导孩子养成心胸开阔、见解通达的品质，在学习和生活中，找到一种介乎悲观和乐观之间的第三种态度——平和、舒朗。这样再加上她们坚韧的品质，做事与学习时，就很容易开花结果了。

教育减法口诀1：不较真

上小学五年级时，班上来了一个叫华琼的女孩子，华琼的成绩比较好，总是名列前茅，但却始终没有超过我。不过，华琼的作文却一直比我好，不但分数高，被老师当范文"展览"的概率也特别高。

 第六章 "坚韧牛"型人格女孩：坚韧不可能改变一切

对此，我十分不服气，一心想超过她。我几乎把所有能提高作文成绩的招都用上了：报作文培训班，到图书馆博览群书，订阅作文辅导书……

可最终，我的作文成绩还是不如华琼，让我郁闷至极。每到考试写作文时，我心里都较着劲，如同士兵要上战场一样，有一种莫名的兴奋和紧张感。

上初中后，我俩仍然在一个班，当然，此时已换了新的语文老师。结果，我的作文成绩一下子超过了她，许多作文我并没有下多大工夫，可老师却喜欢得不得了，而华琼"中彩"的次数却少得可怜。

此时我才明白，世上的许多事都是各人有各人的喜好，是不能强求的，许多时候，还要靠自己认可自己。

——十四岁女孩黄璨

在这个例子中，黄璨是十分幸运的，因为她上了初中换了老师后，仍然和原来的"劲敌"同班，让她看到了不同的人对同一件事的不同看法。

在生活中，"坚韧牛"型人格女孩的父母要积极地给她们创造类似的机会，让她们懂得这样一个简单却很不容易悟透的道理：一件事情，要从不同的角度去分析看待，而不要钻到一条死胡同里出不来。这样，在学习和做事时就能少走许多弯路，就更容易获得"庭前看落花"的超然心境。

教育减法口诀2：不"迷信"

我女儿可欣是国际电影巨星张一的超级粉丝，因为可欣也在张一当年待过的那家少年宫学跳舞。

平时没事时，可欣总是对着DVD，反复模仿张一在古装电影里的舞蹈动作。

练了好几年，可欣一直对自己不满意，觉得自己和张一差距太大。

"张一太完美了，报上说，她的脸和身材简直是被天使吻过的，完美至极，我想我练一辈子也赶不上她！"

我说："你就是太迷信了，张一也没比你多条胳膊多条腿，她能做到的，你为什么就做不到呢！"

可欣看了一眼满墙的张一的照片，叹了口气说："这辈子怕是不行了，下辈子再和她比吧！"

没过多久，张一闹出了"诈捐门事件"，从神坛跌落到凡间。

我马上借此教育可欣说:"这回你信了吧,张一是人,不是神!你赶紧努力吧,很快就会跳得同张一一样好了!"

可欣这次听进去了我的话,开始努力练舞,很快有了很大的提升。

——十岁女孩宁可欣的母亲

在这个例子中,可欣对明星张一的崇拜显然过了火,发展到了"迷信"的地步。这样做,对她学习积极性的影响还是很大的。

在实际生活中,"坚韧牛"型人格女孩不只是容易"迷信"明星,还容易"迷信"权威、专家等,这与她们的性格弱点有很大关系:不爱思考,总是沉迷在自己所做的某件事情当中。

父母在对她们进行引导的时候,要努力让他们多阅读一些启发才智的书籍,在寒暑假多给他们找一些深入观察和体验生活的机会,眼界宽了,她们就不太容易盲目"迷信"了。

教育减法口诀3:不妄言

上小学五年级的时候,因为过生日,姥姥在"苹果"卖场店给我买了一个特别漂亮的MP4,我爱不释手,经常带在身边。可有一天晚上,我的MP4忽然不见了。

当时我急得不得了,想来想去,就开始怀疑二叔家的堂弟何真。因为他特别喜欢我的MP4,前一天在我家时,我还借他听了半天。此外还有一个重要原因,就是何真总爱和我吵架,我特别不喜欢他。

我不由分说,四处吵嚷着,说何真拿了我的MP4。第二天,我还跑到二叔家,气呼呼地朝何真要MP4。何真哪里肯受这个委屈,差点和我动手。

没过两天,爸爸忽然对我说,他在床底下找到了我的MP4。我拿到这个"失而复得"的宝贝后,却发现里边根本没有我放进去的动画片和歌曲,我赶紧去问爸爸原因。

他批评我说:"爸爸买了这个新MP4,也是想替何真挽回面子,你就不要让别人知道了。以后你要注意,不能因为对何真有意见,就胡乱猜疑,随便乱说话。这让何真多难堪啊,他一定会记仇的。"

——广州某大学学生何怀玉

在现实生活中,"坚韧牛"型人格女孩之所以容易"妄言",与她们做事爱钻牛角尖的人格特征有很大关系。在这个例子中，虽然何怀玉的爸爸想的补救措施比较好，但她与何真之间的疙瘩一时之间是很难消除的。由此可见，对于"坚韧牛"型人格女孩来说，"不妄言"是一件很重要的人生修养。

许多父母在对"坚韧牛"型人格女孩进行引导的时候，总是一味地采取说服的方式，这是没有用的，最重要的还是要教会孩子思考问题的方法。其中最主要的就是用"同理心"的方法思考问题。如果孩子要指责一个人时，先让她自己扮演一下这个人，想一想如果自己听到了这样一番话后，是什么样的心理感受，这样她们再与他人沟通时，就会知道如何把握火候了。

中庸型

十三型人格

乖巧兔

阳光猪

实干鸡

诚实狗

中庸型人格女孩篇：
淡淡的，才能够永恒

中庸型人格概述

气质类型	细分类型	优势与劣势	情绪控制力	核心竞争力	典型人物
黏液质	"乖巧兔"型人格	黏液质	聪明平和 敏感多疑	性情稳定，情绪控制力强	做事谨慎、细致，有内秀	白雪公主
	"阳光猪"型人格	黏液质+多血质	积极阳光 不思进取	性情稳定，情绪控制力一般	乐观，有极好的亲和力	艾丽
	"实干鸡"型人格	黏液质+胆汁质	从容淡定 中庸平凡	性情稳定，情绪控制力较强	有毅力，能在困境中长期坚持不懈	金婕
	"诚信狗"型人格	黏液质+抑郁质	忠诚勇敢 魄力不足	性情稳定，情绪控制力一般	忠诚，讲究信义	丽滴

第七章 "乖巧兔"型人格女孩：
和纠结说再见

代言动物

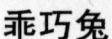

她们有着稳定平和的心境，以及独特的专长。她们做事善于谋划，聪明平和，是人见人爱的乖乖女。但因过于敏感，如果家长老师引导得不好，她们往往会出现心事过重，做事缩手缩脚的问题。与人交往时，也总是把自己包裹得过于严密，缺少亲和力。

人格小档案

	外在表现		内在表现
着装偏好	喜欢时尚、精致、可爱、单纯的服饰	最佳伙伴人格	"才华马"型人格 "仁爱羊"型人格
言谈举止	性格乐观开朗，待人温和，脸上常带着微笑，表情也比较丰富	最佳人格表现	乖巧

第七章 "乖巧兔"型人格女孩：和纠结说再见

人格优劣势

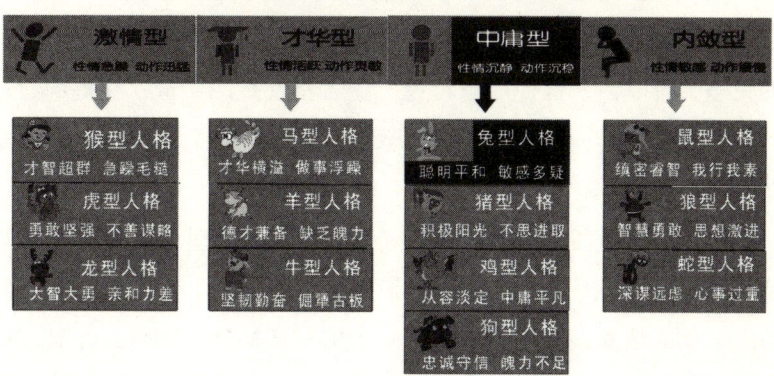

气质类型

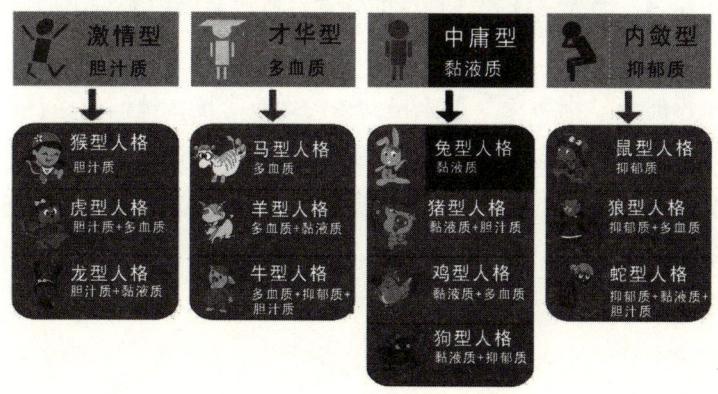

核心人格特征

乖乖女

"乖巧兔"型人格女孩优雅,含蓄,是传统文化中最为推崇的女孩类型。在做人做事时,她们会永远保持平和温婉的形象,给人一种如诗似画的美感。所以,家里有"乖巧兔"型人格女孩的父母,在提起自己的女儿时,心里总会有一种特别欣慰的感觉,因为她们又乖巧又听话,是父母最贴心的小棉袄。

但如果父母和老师引导得不好,"乖巧兔"型人格女孩也是最容易受伤的孩子。许多事,激情型或才华型的女孩根本不会放在心上,但在"乖巧兔"型人格女孩心里,却成了一个解不开的结。同时,在做事时,她们总是想得过多,反而加重了心理负担,让她们很难取得突破性的成果。

闪光点:以柔克刚

要赞美"乖巧兔"型人格女孩的闪光点,用古诗词是最为恰当的,因为这类女孩的人格很多面,很含蓄,与人交往时讲究分寸火候。因为心境平和、言语温婉,给人一种如沐春风的感觉,所以周围的人对她们印象都特别好。

更为难得的是"乖巧兔"型人格女孩的做事态度,她们能稳住心神,坚持不懈地做下去。在坚持的过程中,她们不会像"坚韧牛"型人格女孩那样因缺少变通且容易与他人发生纠纷,她们会用自己的智慧化解矛盾,很好地保护自己。

有一年过元旦时,我和月莲在朋友家吃饭,十一点多了才回家。进入小区后,有两个行动可疑的人尾随过来。当时正下着大雪,小区里一个人都没有。我当时特别害怕,脑子里一片空白,一点主意都没有。

月莲却很平静。她忽然大声对我说:"妈,爸爸和派出所的李叔叔怎么还没到啊,刚才他们不是说已经下楼来接我们了吗?"

月莲说完,还用力地攥了一下我的手。我忽然明白了她的意思,抬头向远处看了一下,然后高声说:"前边那两个人好像就是,穿着警服呢!"

尾随我们的那两个人听了,迅速转身走开了。我和月莲免遭一劫。

第七章 "乖巧兔"型人格女孩：和纠结说再见

李叔叔是月莲爸爸的朋友，在我们小区附近的一家派出所上班。不过那天晚上李叔叔在值班，月莲的爸爸也出差在外，根本不可能来接我们。月莲竟然能急中生智，吓走了那两个行动可疑的人。

——十三岁女孩月莲的母亲

在上面这个例子中，"乖巧兔"型人格女孩月莲表现出了较好的自我保护能力，这倒并不是因为她有多么勇敢，重要的是她对周围的人和事极为敏感，可疑的人刚一出现，她就发现了对方，所以她思考对策的时间要比母亲长很多。

另一方面，因为她的心境一直比较平和，受外界的干扰比较小，所以她会在短时间内调动起原来所储备的自保常识，并且进行超水平发挥。

灰暗面1：笼中鸟

如果家长和老师引导得不好，"乖巧兔"型人格女孩善于自保的人格特点就会走向负面，即因自保过度而出现自我封闭的迹象。一旦出现这种情况，她们容易变得如笼中之鸟一样，整天在自己的小天地里徘徊，缺乏理想和冲劲，在生活和学习上难有大的作为。

此外在许多时候，因为自保过度，她们在和其他人交往时也容易出现泛泛而交的问题，找不到知心朋友，长大后在婚恋上也容易出现问题和危机，成为"剩女"和"怨妇"的概率比较大。

我们家和夏春奶奶家住在一个小区。每到寒、暑假的时候，夏春的两个堂姐宇宏、宇博就会到她奶奶这里住。她爷爷奶奶都是爱热闹的人，特别希望夏春也住在他们这里，他们就可以像《红楼梦》里的贾母那样乐享天伦了。

可夏春就是不愿意过去，整天待在家里同保姆一起玩。两个堂姐来家里玩时，她也表情淡淡的，既不欢迎，也不排斥。有一次，我无意中听她说，她之所以不愿意去，是因为她觉得宇宏、宇博是亲姐妹，她们姐俩又总站在同一战壕内，而她自己一个人，很容易"吃亏"。

我听了这番话后，十分纳闷，就说："爷爷奶奶都在家，你怎么会吃亏呢？而且你们从来也没发生过矛盾啊？"

夏春想了想，也没回答我的问题，只是坚持说不去爷爷奶奶家住。

——十二岁女孩夏春的母亲

——女孩教育减法口诀

在这个例子中,"乖巧兔"型人格女孩夏春的自我保护意识显然过于强烈了,她只是在逻辑思维中感觉到自己容易吃亏,就拒绝到爷爷奶奶家去住,显然有点因噎废食的味道。

许多家长有一种错误的认识,觉得女儿这样做,是"大家闺秀"的表现。但是"乖巧兔"型人格女孩是偏内向的,和同龄孩子接触少,性格会变得孤僻,这对她们综合能力的发挥是十分不利的。所以父母要鼓励她们多与其他孩子交流,同时也要告诉她们:孩子们之间有冲突是正常的,一个女孩子不但要知道如何避免冲突,更要学会如何解决冲突,如何以积极的态度对待冲突。

灰暗面2:十年怕井绳

许多家长都认为,女孩天生胆小,所以对于她们在做事时所表现出的软弱,大都没有放在心上。但是如果家长发现孩子出现这样的现象,就一定要干预:对一些特定的事总是刻意回避,或者一遇到这方面的事,情绪便会出现异常的波动。

这种情况表明孩子有了心结。对于"乖巧兔"型人格女孩来说,她们在心结方面的表现要比"乖巧兔"型人格男孩更为明显一些,而且,因为心比较细,要打开她们的心结也要难上许多。

玲玲上小学二年级的时候,被班上一个淘气的男孩用铅笔扎伤了眼睛。因为抢救及时,除了视力下降了不少外,倒没留下什么特别严重的后遗症。

可出院后,玲玲就一直不愿意去学校上学,总是说害怕。后来我们没有办法,只得给她换了学校。

可换了学校后,我们觉得玲玲还是整天忧心忡忡的,不敢和班里的男孩来往,更害怕用铅笔。没办法,我们只得给她换成颜料笔。

对此事我们并没有太在意。心想,孩子也许是被吓破胆了,时间长了,自然会好的。可两年过去了,玲玲依然没有改变自己的怪僻,让我和她爸爸心里特别忧虑。

——十岁女孩玲玲的母亲

从上面的例子中我们可以看出,在遇到一些突然的打击后,家长们以

第七章 "乖巧兔"型人格女孩：和纠结说再见

为事情已经过去了，可孩子却迟迟不能从这件事情中挣脱出来。"乖巧兔"型人格女孩的父母在孩子出现一些意外的挫折时，与孩子单独沟通的时间一定要多一些，孩子出现了心理波动时要及时化解，不要让不良情绪在孩子身上保持太长的时间。

在古代的印第安部族中，如果一个年青男人失去了亲人，就要给他一顶帐篷，并为他备足三天的水和食物，让他单独待在部落附近，把心中的所有悲伤全部哭出来，然后才能再参加部族的狩猎活动。这样做，为的是不让他心中残留不良情绪。

对于"乖巧兔"型人格女孩来说，这一方法也是比较适用的。父母要给孩子创造机会，让她们把心中所有的委曲、恐惧、忧虑等不良情绪，全都发泄出来，以免不良情绪郁结在心中，慢慢成为她们难以消除的心结。

"乖巧兔"型人格女孩的生活表现

孩子常见问题	家长应对方法	注意事项
总怕暴露自己的弱点和不足，做事放不开手脚	在生活中，让孩子时时能感受到家长的鼓励与关爱	不提孩子过去的失误
对周围的人戒备心太强	要经常提醒孩子，她现在很安全	调查出她以往所受到的伤害、打击的详细情况，对其敏感的话题尽量避开
信心不足	孩子每取得一点成绩，都要隆重地向其表示祝贺与赞扬	要描述具体内容，而不能用"套话"空洞地表扬

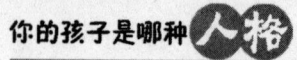

——女孩教育减法口诀

"乖巧兔"型人格女孩的学习表现

孩子常见问题	家长应对方法	注意事项
对学习没有信心	让孩子在无意中听到你对她的赞扬与肯定	赞扬的内容要切合实际
在学习中成绩下降时,经常对家长隐瞒一些真相,自己一个人扛着	耐心告诉孩子弥补失误的方法	不要攻击孩子的人格
甘于落后	表明你的期望,并不断地激励孩子,把自己的潜能发挥出来	不能只一味地劝说,要以自己的行动影响孩子

典型人物启示

保卫纯真

典型人物:白雪公主(动画片《白雪公主》主人公)

在1938年的奥斯卡颁奖仪式上,动画片《白雪公主》的制作人沃尔特·迪斯尼被授予了一个大金像奖和七个小金像奖的殊荣,以表彰这部影片"在电影艺术方面的重要创新,为动画故事片开辟了一个令人着迷的伟大的新领域。"

我们认为这部动画片还有一个伟大的贡献:让大家看到了"乖巧兔"型人格女孩人格当中的纯真、美好与可爱——在经历后母的虐待、谋杀、欺骗后,女依然保持着对身边人的爱与真诚。更为难得的是,白雪公主没有留下任何心结。

第七章 "乖巧兔"型人格女孩：和纠结说再见

可在现实生活中，故事结局是不可能这么完美的。经历了这么多的磨难后，即便得到了王子的爱，白雪公主的心也一定早已千疮百孔，久久难以愈合。"乖巧兔"型人格女孩的父母一定要学会保护孩子的"纯真"。

给孩子加倍的爱

在动画片中，白雪公主失去母亲后，生活异常愁苦，每天心事重重。可遇到七个善良的小矮人后，因为得到了他们由衷的爱与关心，白雪公主变得开朗了，心境恬淡平和，像换了一个人似的。所以虽然她被后母给的苹果"毒死"，却依然散发出一种如天使般纯真的美，让王子爱慕不已，情不自禁地吻了她。

在生活中，对于"乖巧兔"型人格女孩来说，家长不要因为她们乖，就不太注意她们情绪的变化。因为她们不爱把自己的情绪表现出来，家长如果不对她们加倍地关心，是很难观察到她们的心理变化的。

最重要的是，父母加倍的爱，会很好地保护好她们纯真的天性，让她们一生都能保持这一女性特有的动人魅力。

想方设法给孩子以安全感

在动画片中，白雪公主到了小矮人家里后，找到了爱的感觉。他们一起唱歌跳舞、谈天说地，一时间，白雪公主忘掉了与后母之间所有的隔膜与不快，感到一种从未有过的温馨与安全。

所以在后母化妆成巫婆来害她时，她竟然没有了"乖巧兔"型人格女孩特有的敏感与戒备心，上了后母的当。

在生活中，"乖巧兔"型人格女孩对家庭成员之间的情感变化，是异常敏感的，家人的态度如果急躁或不亲切的话，她们便很容易多心，有些"乖巧兔"型人格女孩还会把事情想偏，生出许多不必要的误解与疑虑，变得越来越缺乏安全感。在这种情况下，如果最信赖的亲人出差或长时间不在家，她们极容易出现分离焦虑症。

在许多时候，如果父母发现"乖巧兔"型人格女孩变得异常乖巧的话，就一定要高度重视，这种"乖"，是她们缺乏安全感的表现，所以强迫自己变得超级乖巧，以保护自己不受伤害。

——女孩教育减法口诀

教育减法口诀

把心窗打开

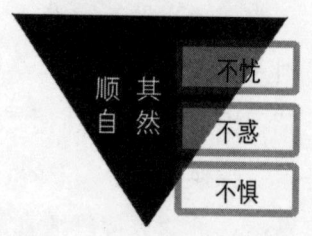

虽然"乖巧兔"型人格女孩不属于最内向的内敛型人格，但因为在遇到挫折打击时容易形成心结，这也影响了她们与周围人的沟通。另外她们在做一些复杂或重大的事情，或者遇到挫折打击时，往往想得太多，把平静的心态打乱。这些使得她们不是行动过于迟缓，就是发挥不出自己的最佳状态，让父母和老师十分头疼。

所以父母和老师对孩子进行引导时，一定要让她们学会用淡然的心态对待挫折和打击，努力修炼孔子倡导的那种"不忧、不惑、不惧"的心灵境界。"乖巧兔"型人格女孩情绪控制力较好，比较沉稳安静，如果努力修炼自己，是较容易达到这一高层次的心灵境界的。

教育减法口诀1：不忧

在上小学五年级的时候，我所居住的那个城市中的大批国企开始改制，有好多同学的父母都下岗了。我们家还算幸运，妈妈下了岗，爸爸的工作保住了。

母亲下岗后，就像换了一个人一样，每天不但话说得少了，也不愿意打扮了，我看了以后，心里十分难过。爸爸也变得更沉默了，每天在家说的话都是有数的。

不知为什么，在那段时间里，每天晚上爸爸回来之前，我会变得特别忧郁，心跳得特别快，生怕他一进门，就告诉我们他下岗的消息。

后来，母亲也看出了我的心事，劝我说："家里的事有我和你爸爸扛着呢，你一个小孩子家，瞎操什么心呢？"

可我的情绪依然很糟糕。不久放暑假了，乡下的奶奶把我接了回去。

第七章 "乖巧兔"型人格女孩：和纠结说再见

在乡下，我和奶奶学习绣花，学会后，就惦记着给爸爸妈妈各绣一个漂亮的手包，等开学回家时，好给他们一个惊喜。因为起早贪黑地忙着绣手包，心中的忧虑就淡了许多。我想，他们见我这么能干，心中的忧愁一定也会减少许多。

——北京某大学学生黄俐

从这个例子中可以看出，在生活和学习中，因为有较强的预见性，所以"乖巧兔"型人格女孩比其他人格类型的女孩多了许多忧虑，如果疏导得不好，"乖巧兔"型人格女孩的忧虑会越来越重，严重影响她们的成长。

对于"乖巧兔"型人格女孩，家中如果出了大事，或者自己遇上挫折，父母不能隐瞒孩子，要对她们简要地讲明事实，虽然可以不用讲得很透，但一定要让孩子明白发生了什么样的事。然后再耐心开导孩子：不要有过多的忧虑，因为父母会解决好一切问题。

当然，只讲道理还是不够的，要想消除她们的忧虑，还要在生活中以身作则，做孩子的榜样。在例子中，黄俐的奶奶把她接到乡下，的确可以暂时缓解一下她的紧张心态，但如果回到家后，父母依然调整不好自己的状态，黄俐的心态是很难变得积极阳光的。

实际上，当"乖巧兔"型人格女孩抓到偶然的表现机会时，她们会忽然发现，原来自己能把事情做得这么好。

教育减法口诀2：不惑

在上小学三年级的时候，我得了心肌炎，而且还比较严重。出院后，我的身体恢复得特别慢，不知为什么，我从此就开始变得焦虑起来，总是怀疑自己的身体还有其他的毛病，或者心肌炎又要犯了。因为心里焦虑，我的学习成绩一落千丈，虽然母亲给我请了家教，可成绩就是提不上来。

为此，母亲又带我去医院检查了两次，结果都是完全正常。可没过多久，我又开始怀疑起自己来。母亲也觉得我可能出了心理问题，就安慰我说："你可能是这段时间压力太大了，所以总是胡思乱想。你先在家休息一段时间吧，等开学后，咱们三年级再复读一年。"

也不知为什么，休学后，我的身体状况一下好了起来，也不再怀疑自己生病或者心肌炎要复发了。开学后，也没用母亲请家教，我的成绩很快就提了上来。

——广东某大学学生甄薇

在这个例子中,因为疾病的打击,"乖巧兔"型人格女孩甄薇开始对自己的身体产生疑惑。对于敏感的"乖巧兔"型人格女孩来说,这种爱"胡思乱想"的毛病最容易在她们身上发生。如果父母不能及时引导,很容易会演化成焦虑症。

在许多时候,如果发生了一些意外的挫折和打击,父母绝不能给"乖巧兔"型人格女孩施加压力,无论是在生活还是在学习上,都要放开手,给她们一段顺其自然的恢复时间,同时做好心理放松工作。等孩子将不愉快的事情忘记时,父母再带孩子走入"正常轨道"。

教育减法口诀3:不惧

上小学二年级的时候,我们班原来的班主任走了,来了一个特别厉害的男班主任,名叫胡大魁。这个胡老师脾气特别不好,哪个同学有了错,他就会变得像爆竹一样"易燃易爆",每次上他的课都吓得我心惊胆战的。

有一次上数学课时,我不小心溜了号,胡老师便像小李飞刀一样,一截粉笔又准又狠地正中我的眉心。我强忍着眼泪,不敢哭出声来。

自那以后,一上胡老师的数学课我就特别紧张,脑子里模模糊糊的,什么都记不住。

没过多久,我的数学成绩就降了下来,母亲特别着急,给我报了一个特别贵的辅导班,可几个月下来,就是没有用。后来,母亲又给我请了家教,可还是解决不了任何问题。

最终母亲无奈,只得放弃了对我的"调教"。

幸运的是,上小学四年级的时候,胡老师调走了,来了一位温婉可人的女老师做我们的班主任,她教的也是数学。不知不觉的,我的数学成绩就好了起来。母亲也很纳闷,不知什么原因,后来就四处说我上的那个辅导班教学质量不好。现在想起来才明白,母亲当时是冤枉那个辅导班了。

——北京某高中学生李葱郁

在这个例子中,我们可以看出,老师的不当行为,哪怕程度很轻,对"乖巧兔"型人格女孩的伤害也十分大。因为她们做事时总是很乖,想照

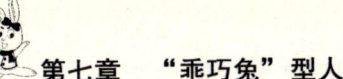

顾各方的利益，本身对自己要求就比较严格，老师或家长的指责或批评会让她们承受很大的心理压力。

家长一定要经常和孩子沟通学习中的一些细节问题，如果觉得老师的教育方法有不合理之处，要及时沟通，寻求有效的解决办法。

要让孩子减少恐惧心理，变得更勇敢些。家长首先要做好自己情绪的控制工作，在对孩子进行批评时，一定要"就事论事"，不能牵出太多的"陈年往事"，这样会让自己的情绪更坏，说话更加没有分寸，无意间对孩子造成巨大的心理伤害，使她们在人际沟通时变得越来越胆小怕事。

第八章 "阳光猪"型人格女孩:躲开"远虑",却逃不了"近忧"

代言动物

阳光猪

> 她们阳光快乐,与人为善,是父母、老师和同学都喜欢的"小可爱"。在竞争越来越激烈的今天,她们以质朴纯真的天性,为身边的人营造出了一个心灵绿洲,对维护周围的人际和谐做出了不可低估的贡献。但如果父母和老师引导得不好,她们容易放松对自己的要求,一味追求"与世无争"的做人理想,变得不思进取。

人格小档案

	外在表现		内在表现
着装偏好	随意,不整洁,整体感觉比较落伍	最佳伙伴人格	"才华马"型人格 "谋略蛇"型人格 "机智猴"型人格
言谈举止	温和可亲,常有笑容,经常保持并向他人传达乐观积极的情绪	最佳人格表现	阳光

第八章 "阳光猪"型人格女孩：躲开"远虑"，却逃不了"近忧"

人格优劣势

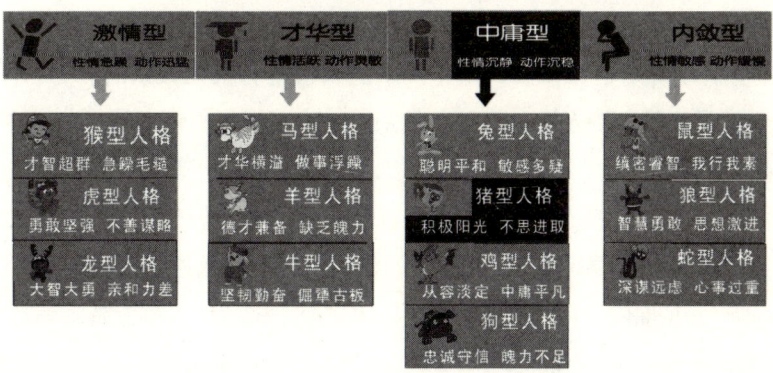

气质类型

——女孩教育减法口诀

核心人格特征

没有理由不阳光

许多"阳光猪"型人格女孩的父母都有这样一种强烈的感觉：女儿是迷路的天使，从天堂来到自己的家中。他们之所以会有这种美好的感受，与"阳光猪"型人格女孩阳光快乐的天性是有很大关系的。

"阳光猪"型人格女孩身上的阳光，是淡淡的，轻柔的，不像"机智猴"型人格女孩那样"如火如荼"。所以，如果与"阳光猪"型人格女孩交往的时间不太久的话，是不能完全体会出她们这一人格优势的。

但如果家长和老师引导得不好，"阳光猪"型人格女孩也会暴露出自己人格的一些负面内容，比如好逸恶劳，上进心不强，饮食不节制，等等。而且在人际交往中，她们也因感情过于"平淡"而难以成为圈子中的核心人物。

闪光点："以柔克刚"

"阳光猪"型人格女孩从小就懂得"温柔"的力量，所以在学习和生活中，她们总是想办法"以柔克刚"。在许多时候，为了避免与他人发生冲突，她们会故意"示弱"，于是不但风波被化解了，她们还得到了一个好人缘。

万一真的与他人发生矛盾，她们也会很好地进行心理调整，有一种"闭门常思己过，出门勿论人非"的超然心态。

我母亲是个有点重男轻女倾向的人，所以她一直宠着弟弟家的孩子玉仁，而对朵菲却总是"另眼看待"。比如，在给孩子们买衣服时，玉仁的总是国际名牌，而朵菲的则总是打折的或甩卖品。平时见了玉仁也总是一口一个"心肝"地叫着，对朵菲则总是说"老齐家那丫头"。

为此，我没少给母亲提意见，可她总是笑着跟我说："玉仁可是咱们老钱家唯一的'香火'，我怎么能不宠呢？"弄得我哭笑不得。

可朵菲从来不介意这些，有时候见我不高兴了，还劝我说："玉仁是比我小，姥姥当然要格外照顾他。"

对于玉仁，朵菲也待他特别好，有什么好吃的、好玩的，总是先想到他，把玉仁哄得心花怒放，几天不见朵菲，就嚷着说想姐姐了。

去年春节，朵菲和她爸爸去了她奶奶家，我则陪母亲在北京过年。几天不

第八章 "阳光猪"型人格女孩：躲开"远虑"，却逃不了"近忧"

见，母亲就开始想朵菲了，一下想起了朵菲许多的好，不停地向我唠叨：

"朵菲这丫头把她们老齐家的优点全继承了，嘴甜得要命，整天就会哄人。连我这个不喜欢丫头片子的人都没法不疼她了！"

——十岁女孩朵菲的母亲

在中国传统文化中，一直比较推崇"思无邪"的处事态度，这一点，在"阳光猪"型人格女孩身上体现得特别明显。从上面这个例子中我们可以看出，因为心无杂念，在许多时候，"以退为进"的处事方式给她们带来的不是损失，而是更多的回报。

灰暗面1："变色龙"

"阳光猪"型人格女孩很小的时候就明白，竞争、嫉妒等这些东西都是快乐的天敌，要想快乐，要与人无怨，与世无争。

为此，她们在人际关系的平衡上会下很大的工夫，为了不树敌，她们容易下意识把自己变成"变色龙"。如果父母和老师引导得不好，她们极有可能会因此而变得势利、肤浅、没有主见，成了真正意义上的"无心人"。

林莎是我妈妈的同事周英家的孩子，和我在一个学校上学。因为学校就在小区内，所以到了五年级后，两家的大人也不送我们上学了，让我们俩搭伴一起去，我们俩的关系也因此比别的同学要好很多。

不久，因为嫌路远，钱科长的女儿也不再去市重点小学上学了，转到我们小区的学校。

钱科长是我妈妈和林莎妈妈单位的头，他的女儿名叫唐鹂，是个特别霸道的女孩子，到学校没几天，几乎就和所有孩子吵遍了，班里的女孩子大多不喜欢她。可林莎却不理会这些，总是天天跟在唐鹂的屁股后面，像个"答应"似的。

我对唐鹂这种做法比较反感，便不爱理她。可林莎依然和唐鹂保持着密切的关系，她还劝我说："唐鹂的爸爸是咱俩妈妈的头，咱们要和她搞好关系，这样，对咱俩的妈妈也特别有利。"

听了林莎的话，我对她也开始反感了，此后和她的关系就慢慢冷了下来。

——十四岁女孩李翠

在例子中，林莎不顾自己和李翠的友谊，和唐鹂迅速成为"密友"，这就多少有一些"非正常"的、灰暗面的东西，这是需要父母们极为重视的。

因为比较注重自己的人际关系，所以"阳光猪"型人格女孩很容易受到世俗功利思想的侵蚀。父母一定要在这方面多加引导，让她们在看到成人世界一些阴暗面的同时也能看到真情真意的一面。同时，也不要让她们搅到父母的工作生活当中，更不要参与他们的恩怨纠葛，这样做对孩子的成长是有百害而无一利的。

灰暗面2：得过且过

如果父母和老师引导得不好，"阳光猪"型人格女孩容易产生这样的不良心理：在学习和生活上一定不能自己和自己较劲，"人生得意须尽欢"。因此，在许多时候，她们缺乏吃苦精神，许多事情总是得过且过，偷懒心理特别严重。

因为小升初没有进入理想的中学，苏雅的心情十分低落。进了那个中学后，我发现她不像在小学的时候那么努力了，学习成绩一下子滑了下来。每当我督促她的时候，她总是支支吾吾地搪塞我。我说："我知道你心中的想法，你总认为，上了这个不好的中学，再怎么努力也考不上好大学。"

苏雅做了个鬼脸，没有说话。

我说："记得你上小学一年级的时候，身体特别不好，可你却参加了校里的田径队，大家都认为你坚持不下来，可你不但坚持下来了，在区里比赛时还得了奖。我认为你是有潜能的，完全可以超水平发挥。"

苏雅被我说得有些感动，她说："这么多年的事您还记得呢？"

我说："那当然。因为在那些日子里，你那么勇敢，不怕任何困难。妈妈现在特别担心的是，你暂时得到了一点安逸，可走向社会后，会像你大表姐那样，工作生活遇上一大堆困难，那时妈妈也老了，也帮不了你了……"

虽然苏雅没说话，可我这番话对苏雅还是产生了很大的促动。慢慢地，我发现她开始面对现实，努力学习了。

——十三岁女孩苏雅的母亲

在许多时候，因为贪图一时的欢乐，对于将来的事，"阳光猪"型人格女孩是很少有计划的，也缺乏比较实际的理想。父母一定要帮她们做长远打算。

现在，许多家长都认同这样一个教育理念：不输在起跑线上。这句话对于"阳光猪"型人格女孩来说，有着特别现实的意义，因为她们特别容易变得缺乏进取心。所以，父母和老师都要起到励志大师的作用，经常性地为她们送上"心灵鸡汤"。

"阳光猪"型人格女孩的生活表现

孩子常见问题	家长应对方法	注意事项
不愿意吃苦	鞭策并严格监督	经常提醒孩子要克服哪些困难，并详细描述不努力的"悲惨"后果
做事没有长远计划，只顾眼前痛快	在做一些重大事情时，要帮助她或让她做计划，并督促其分阶段完成	经常向她强调做事情的长远打算
在人际交往中爱做老好人，从不愿表达自己的真实看法	要多找她谈心，交换看法	要用事例让她明白，老好人虽不招人厌，但也没人喜欢，没有个性，将来工作时也难有成绩

"阳光猪"型人格女孩的学习表现

孩子常见问题	家长应对方法	注意事项
做作业时拖拉，不积极	鞭策并严格监督，必要时要给她设定时间	不要陪她写作业，让她知道：写作业是自己的事
没有上进心，有"60分万岁"的心态	通过不经意的表扬，让孩子时时能发现自己"与众不同"的优势，激发其上进心	要长期坚持，不能半途而废
无法养成主动学习的好习惯，需要父母天天督促	隔一段时间，给她的学习方法和学习态度做一次"诊断"，帮她找到问题，寻求解决方法	不要替她拿主意

典型人物启示

拒绝长大,是因为怕承担责任

典型人物:艾丽(动画片《冰河世纪2》主人公)

动画片《冰河世纪2》塑造了一个特别"古怪"的长毛象艾丽的形象,她和所有的"阳光猪"型人格女孩一样,阳光快乐,心地善良。可因为从小失去父母,被负鼠家族收养,艾丽染上了负鼠的习性——爬树,钻墙脚等。而更夸张的是,艾丽从骨子里认为自己是一只负鼠,连爱她的曼尼都无法接受。

但这只古怪的、自我形象错乱的长毛象最终却被曼尼感化,她找回了自己的记忆,同时也懂得了爱,最后,她与曼菲德一起战胜了洪水,过上了幸福的日子。

艾丽的经历对"阳光猪"型人格女孩的父母是极有启示意义的。

让孩子明白这样一个道理:不能为了眼前的快乐逃避现实,要勇敢正视

在动画片中,艾丽之所以一直将自己当成负鼠,和自己童年时那段痛苦的经历有很大的关系。在失去父母后,艾丽一个人在暴风雪中无助地徘徊着,那种痛苦的心情是可想而知的。所以,当她后来再走到自己当年和父母失散的地方时,马上就唤起了内心的伤痛。

在心理学上有个名词,叫选择性记忆,是指人们往往只爱记住对自己有利的信息,或只记自己愿意记的信息,而其余信息往往会被故意遗忘。

在这方面,"阳光猪"型人格女孩的表现是十分明显的,对于那些能够满足自己快乐需求的信息,她们的记忆程度总是比较高。而那些有悖于自己快乐需求的东西,她们则像动画片中的艾丽一样,选择"忘记"或"视而不见"。对此,做父母的一定要引起重视。

当然,在这件事情上,父母要善于理性分析,有些不必要的事情,孩子不愿意提起,就要尊重孩子的想法,这是保护孩子心理健康的需要。但学习和生活上的某些困难,不但一定要让孩子理性对待,还要想方设法地让孩子面对困难,改变现实。

第八章 "阳光猪"型人格女孩：躲开"远虑"，却逃不了"近忧"

要防止孩子患上"负鼠综合征"

在动画片中，有一些特别有趣的情节，艾丽因为觉得自己是负鼠，所以在睡觉时，要用尾巴把自己吊在树上睡觉，万一有一点小的危险，她马上像两个负鼠"家人"一样，机警地逃走——因为她一直觉得自己很"弱小"，丝毫没有在意自己壮硕的身体和尖尖的长牙。

后来，当艾丽"发现"自己原来是一头长毛象后，顿时有了力量和勇气，勇敢地战胜了洪水。

导演用这个细节向观众暗示：如果一个人不善于发现自己的优点，就永远没办法让自己的心灵世界强大起来，就永远"长不大"。而且，导演选择让艾丽认为自己是负鼠，也许是因为在心理学上有个名词叫"负鼠综合征"，是指当人们面临危难时，变得优柔寡断，给自己增加不必要的负担。

在现实生活中，因为没有太强烈的目标，"阳光猪"型人格女孩大多不能主动地去发现自己身上的优势。面对困难，她们容易患上"负鼠综合征"，选择退缩，而不去想想，自己能否发挥一下身上的优势，将困难克服掉。

对此，父母一定要帮助她们发现自身优势，让她们把自己看成是强壮的长毛象，而不是弱小的负鼠。

教育减法口诀

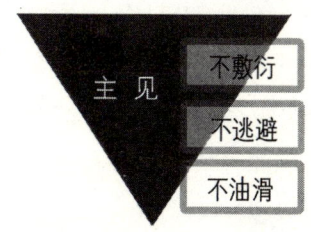

有主见才不会迷航

主见 — 不敷衍／不逃避／不油滑

多数"阳光猪"型人格女孩都有一个强烈的愿望——做一个在风中飘舞的风筝：自由，快乐，安逸。但有一个关键的问题，无论风筝有多么潇洒，都必须有一根线牵着，不然就没了根基与方向，会随风而去，流落荒野。

父母要抓紧的这根风筝线，就是培养"阳光猪"型人格女孩的个性和主见。

总想明哲保身，总想"难得糊涂"，她们将来就容易成为"老油条"：爱钻营，没有责任感，甚至随波逐流。

教育减法口诀1：不敷衍

上小学三年级时，有一次我练完舞蹈后，母亲说："我看你最近练得特别没有状态，动作都没有做到位，怎么回事呢？"

我说："我是按老师的要求做的，老师都没说什么，您怎么就觉得不好呢？"

母亲说："因为你的表情告诉我，你一点也没投入到音乐中，一直在盼着下课。"

我说："我练得都烦了！一点都不好玩。"

母亲说："当初是因为你爱好，妈妈才让你学的。现在你觉得苦了，就不用心了，当成了例行公事，这样你就会觉得更苦了。"

见我不说话，母亲又说："觉得累和苦是因为你不投入，在敷衍老师和妈妈，没有体会到音乐和舞蹈的内涵。妈妈并不是非要让你练成舞蹈家，其实是在培养你的兴趣爱好和素质修养。这本身就是件快乐的事，可你却当成了负担。"

母亲那天的话对我触动挺大的。此后，再练舞蹈时，我总是努力让自己投入到音乐中去，还真的像母亲说的那样：累并快乐着。

——北京舞蹈学院学生李一白

在生活和学习上，许多"阳光猪"型人格女孩都容易出现怕吃苦的问题，有了这种心态后，她们便很难投入到自己所做的事情当中，变得越来越敷衍，这样时间久了，反而容易出现"心累"的可怕局面，让她们对自己所做的事情完全失去了兴趣。

例子中的"阳光猪"型人格女孩悟性较高，母亲一指点，她便找到了练舞的门道。但实际生活中，要想让"阳光猪"型人格女孩从心底爱上自己所做的事情，还是比较难的，父母要花很大的工夫来修炼她们的"定

 第八章 "阳光猪"型人格女孩：躲开"远虑"，却逃不了"近忧"

力"，不让她们的心"长草"。

在这方面，还需要父母有很好的领悟能力和表达能力，把自己做事时保持专注投入的好方法深入浅出地传授给她们。

教育减法口诀2：不逃避

七年级那年，母亲说我已是大姑娘了，便教我学做饭。虽然学会了，可我却特别不愿意做，每天都会想方设法地逃避。

有一次姥姥做饭时，我便问她：

"姥姥，我们班好多女生都说做饭是世上最烦的事。您做了一辈子的饭，心里烦不烦呢？"

姥姥说："现在的女孩子大多爱这么想，你要学会爱上做饭，不要受她们的影响。开始的时候，的确特别烦。可时间久了，就找到乐趣了。这种事是需要坚持的。不过我在这方面还不如你姥爷，他活着的时候，总是把做饭当成了制作艺术品，每次都要来一点小的变化或者小的创造发明，所以他做饭时，总是很享受，是哼着歌做的。"

见我瞪着眼不说话，姥姥又补充说："当然，给亲人和孩子做饭，也是一种责任，可以表达你对他们的爱，所以是不能逃避的。"

从那以后，再做饭时，我也会学着姥爷的样子，来一些小的变化与发明，这样一来，就觉得做饭也不是什么烦难事了。

——十三岁女孩欧阳飘雪

遇到困难或者不爱做的事时，就想着逃避，这是孩子的天性。因为总想着快乐，又不爱争强好胜，所以"阳光猪"型人格女孩在这方面会表现得更突出些。如果父母引导得不好，她们很容易养成没有责任感、好逸恶劳等许多坏习惯。

要想培养孩子的耐心与坚持，主要还是培养她们做事的定力，让她们做事时要拿定主意，不要轻易受一些负面声音的影响。这样才能保持平和恬淡的心境，也才能迅速找到做事的好方法，体会到做事的快乐。

教育减法口诀3：不油滑

今年暑假时，爷爷买了一只纯白色的哈巴狗，叫米雪。米雪不但长得好看，还特别聪明，会行礼，还会握手、翻跟头等，我和表姐都疯狂地爱上了米雪，都想"横刀夺爱"，把米雪抱回自己家。

最初的时候，我和表姐都是采取向爷爷献殷勤的战术。表姐能说会道，又能歌善舞，这方面我自然比不过她。我知道，我是不能和爷爷强要米雪的，这样不仅得罪了表姐，爸爸妈妈也会骂我。必须找个好的点子，让爷爷主动把米雪送给我。

于是，我换了战术，采取装可怜的方式，以博得爷爷的同情。

没多久，我得了场感冒。爷爷打电话问我情况时，我就可怜兮兮地说："我病了好几天了，妈妈天天忙工作，爸爸出差，我在家又心烦、又寂寞，连个伴都没有。要是能有个人陪我，我的病一定会好得更快些。"

爷爷说："你奶奶身体不好，身边是不能离人的。我也没法陪你。"

我意味深长地说："米雪还好吧，几天不见，我真想它呀！"

爷爷知道了我的意思，当天就让表姐把米雪送给了我。

——十二岁女孩夏怡然

在这个例子中，夏怡然既得到了自己想要的东西，又平衡了各方面的关系，这种做法，已不是单纯的"聪明灵活"，而是夹杂了一些"油滑"与"世故"，这对孩子的人格培养是十分不利的。如果不加以引导和制止，她们极有可能出现更严重的问题：变成"谎话大王"。

面对利益的诱惑时，能保持住"操守"，也是孩子"有主见"的重要表现。对此，父母一定要教她们学会识别：在人与人交往时，哪些方法是比较恰如其分的，哪些是"过火"的、油滑的。同时还要以实例向她们讲明油滑的巨大危害，绝对不能尝试和模仿。

第九章 "实干鸡"型人格女孩：实干是最好的"特长"

代言动物

实干鸡

> 她们质朴，厚道，在生活和学习上都十分懂事，不急躁，保持着平淡从容的心境，认真地做好每一件事，很有实干精神。但如果家长和老师引导得不好，她们很容易满足现状，变得消极落后。

人格小档案

	外在表现		内在表现
着装偏好	不太注意卫生和打扮，觉得自己能跟别的同学保持差不多就行了	最佳伙伴人格	"坚韧牛"型人格 "才华马"型人格
言谈举止	和别人说话总显得很严肃，很正经，很小心	最佳人格表现	实干

人格优劣势

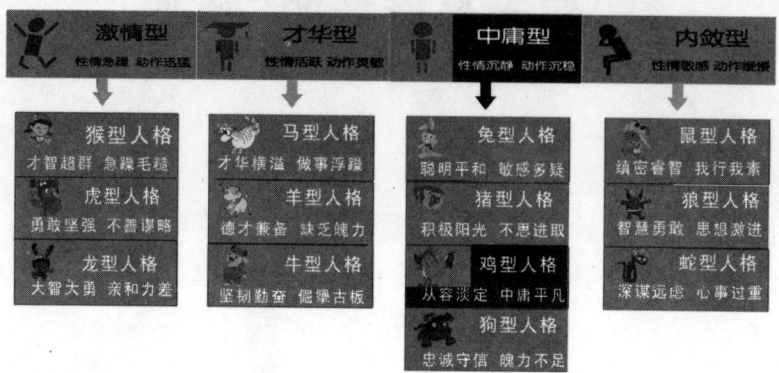

气质类型

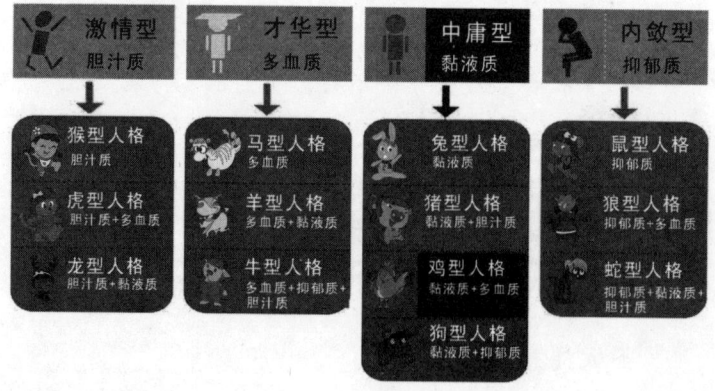

 第九章 "实干鸡"型人格女孩：实干是最好的"特长"

核心人格特征

用坚持抒写奇迹

有句话说得好：没有特点就是一个人最大的特点。"实干鸡"型人格女孩就是这样一类个性"不突出"的人。这种"不突出"为她们涂上了很强的保护色，所以她们能随遇而安，坚守住自己应该做的事，很少让父母和老师操心。

在这种平淡的坚持中，她们会时常创造一个又一个"奇迹"，让周围的人刮目相看。

但如果父母和老师引导得不好，她们不但很难创造出"奇迹"，反而会因落后平庸而陷入尴尬境地，会变得耐不住平淡，变得小气、爱抱怨。

闪光点："隐身衣"

童话故事里总有一些描写"隐身衣"的情节，只要谁穿上它，谁就不会被人发现，就可以"为所欲为"了。

而"实干鸡"型人格女孩的聪明表现在她们用"与世无争"的处事方式给自己穿上了一层"隐身衣"，从而免去了许多不必要的竞争与压力。这让她们始终能保持"云淡风轻"的心境，所以她们能默默坚持做一件事，成为人人羡慕的实干家。

在整个小学阶段，我都是个从不引人注意的女孩子，才艺平平，学习也从没得过第一名，始终是中上等。所以我从来没有遇到过来自其他孩子的竞争、嫉妒或不友好，日子过得特别平淡。

有时候我也想，如果我能像班长于晓芬那样多才多艺就好了，父母就会以我为傲，把我视为掌上明珠。

去年，妈妈被评上了省劳模，在接受电视采访的时候，她说："我能取得今天的成绩，和我的丈夫和女儿对我的支持是分不开的。尤其是我的女儿，她特别懂事，从小到大，无论是在生活还是学习上，她没有让我操一点的心，各方面都能自己做得特别完美，所以我才能放心地把心思用在工作上。"

听了妈妈的话，我这才发现，原来"平淡"也是我的一个大优点。

——十一岁女孩诗雅

从这个例子中我们可以看出，在许多时候，因为"实干鸡"型人格女孩身上包裹了这层名字叫"平淡"的"隐身衣"，不仅外人难以发现她们的闪光点，有时连她们自己也会忽略。对此，家长们一定要善于发现，善于提醒，尽早树立起她们的自信心。

当然，如果孩子的心态一直比较积极，那么家长就要适应她们所表现出的这种"平淡"，不要过多干预，将来走向社会后，无论是工作还是生活，她们都会因小时候厚实的积累以及实干的精神而发生质的改变。

灰暗面1：生活是用来适应的，而不是用来改变的

如果父母和老师引导得不好，在生活和学习上，她们就容易变得消极落后。万一遇上失败，她们就会变得更加消极，在今后的学习和生活中，会更加墨守成规，不敢进行任何的改变和挑战。

有时候，她们还会对自己生出消极的评价，比如认为自己天生就嘴笨，不善于沟通；或者天生就缺少逻辑思维，所以学不好数学。这种想法对她们的潜能开发是十分不利的，容易使她们变得越来越平庸。

小时候，也不知什么原因，玉秋一直发不好拼音中的平舌音和卷舌音，上小学一年级的时候，同学们都嘲笑她是"大舌头"。在整个小学阶段，这个绰号一直跟随着玉秋，我也多次劝过她努力改正过来，她练了几次，见没有效果，就泄了气，说："我就是嘴笨，天生就不会发这几个音。"

上初一那年，教玉秋语文的姜老师发现这个问题后，就主动来纠正她，可玉秋却很气馁地说："没用的，我天生就这样。"

姜老师对她说："你是土生土长的北京人，不应该呀。女孩天生就对语言敏感，你一定能纠正过来！"

她详细地告诉玉秋平舌音和卷舌音的发音部位，然后一字一句地纠正，还让我在平时督促她严格练习。结果没过一个月，玉秋就改掉了说话"大舌头"的毛病。

——十一岁女孩诸葛玉秋的母亲

从这个例子中我们可以看出，在许多时候，如果家长在引导的时候下的工夫不够，或者方法不对，"实干鸡"型人格女孩就很容易把"平淡"

第九章 "实干鸡"型人格女孩:实干是最好的"特长"

的人格个性演化为"平庸",会像例子中的诸葛玉秋一样,把本来可以改变的事也看成了"天意"。

在对待"实干鸡"型人格女孩的时候,父母首先要真正了解孩子的闪光点在哪里,不要小看或轻视她们的潜能,这样才能及时地、有针对性地鼓励她们,让她们始终对自己有一个客观积极的评价,保持自信与从容的心境。

灰暗面2:样样通,样样松

如果家长引导得不好,在学习和生活中又有许多失败的话,"实干鸡"型人格女孩就会有这样一种心态:如果另选条道路出发,说不定就会有意外收获。

于是,她们不顾自身的实际情况,看不清道路就出发,会同时发展多方面的爱好,因为网撒得太大,反而会出现样样通、样样松的尴尬局面。

> 睿馨和她堂姐芳娜同龄。芳娜从小就特别会唱歌,像个百灵鸟一样,所以无论走到哪里,都能获得一片赞扬声。受她堂姐的影响,睿馨上了小学后,就让我带她到声乐辅导班学习。
>
> 可无论怎么练,和堂姐比起来,睿馨都要差上十万八千里,因为她的音乐不如她堂姐好。上了初一以后,睿馨非要多方面发展她的"综合特长",又先后让我给她报了古筝和拉丁舞课。
>
> 如今睿馨已参加工作了,虽然她当初练得很认真,可无论是声乐、古筝还是拉丁舞,都没有练出任何结果,跟普通人也没什么区别。想起这件事,我就特别后悔,当初如果不那么由着她乱学一气就好了。我倒不是心疼钱,而是为孩子白白付出的时间和精力感到惋惜。
>
> ——睿馨的母亲

现在,许多父母都希望自己的孩子成为"特长生",这种心情是可以理解的。但如果孩子没有某一方面的天分,最好不要抱着"押宝"的心态过多尝试。

从这个例子中我们可以看出,因为实干、听话、有毅力,所以在很多时候,"实干鸡"型人格女孩自己和她们的家长都较容易高估她们的实力,结果很容易不顾及自己的实际情况,学了一大堆对自己毫无益处的东西,到最后不但学不出成果,还耽误了正常学习和大把的时间。

——女孩教育减法口诀

"实干鸡"型人格女孩的生活表现

孩子常见问题	家长应对方法	注意事项
在遇到挫折时消极应付，缺乏进取心	要劝孩子当机立断，一切重新开始	不要把劝说变成唠叨
因为业余爱好而耽误学习	让其分清主次，告诉她时间及精力的分配方法	要分清情况，尽量做到既不耽误学习，又成全了孩子的业余爱好
考虑问题过于局限，不周全	让孩子养成考虑成熟后再做事的习惯	巧妙引导，用生动有趣的实例劝说

"实干鸡"型人格女孩的学习表现

孩子常见问题	家长应对方法	注意事项
不爱向家长透露学习上的一些困难	要让孩子明白，与家长探讨学习上的事，会找到更好、更省力的方法	要以鼓励的态度劝说
在学习时不注意总结方法，始终坚持按老思路想问题，或者思路容易混乱	用实例启发她打开思路，但不要同时举太多的例子，且例子的逻辑一定要清楚	不要空洞说教，更不要依赖培训班的老师
学习兴趣不浓，把学习当成为了父母而"例行公事"	鼓励孩子说出对学习产生厌倦心理的真实原因，然后有针对性地寻找解决方法	不要轻易下判断说孩子脑袋笨或者不是学习的料

第九章 "实干鸡"型人格女孩:实干是最好的"特长"

典型人物启示

成功,不是只靠"特长"才能得到

典型人物:金婕(动画片《小鸡快跑》主人公)

在动画片《小鸡快跑》中,主人公母鸡金婕是个典型的"实干鸡"型人格,一直忙于下蛋的她,偶然发现了主人特维迪夫的秘密,贪心的他正在安装制作鸡肉馅饼的流水线,机器安装完后,哪只鸡下蛋少,随时会有灭顶之灾。

机器在在安装,金婕和伙伴们的时间越来越少了,金婕所想出的应对办法是学习飞翔的"特长",然后飞出牢笼。可她拜师的大公鸡洛奇只是个从马戏团出逃的演员,根本不会飞翔。没办法,最终金婕和伙伴们只能放弃"特长"培训,集体制造了架飞机,成功逃出牢笼。

这个故事对于"实干鸡"型人格女孩的家长是十分有借鉴意义的。因为现在,许多父母都不甘心女儿的"平淡"性情,总是想努力培养她们才艺方面的特长。

为孩子选"特长"时,不要想当然

金婕和所有优秀的"实干鸡"型人格女孩一样,有头脑,更有恒心。在她看来,自己也是鸟类,只要努力,学会飞翔并不是什么难事。可最终,"教练"尼克所教的"飞翔",却是用老鼠偷来的橡皮筋把金婕弹向天空。

金婕耽误了宝贵的逃跑时间,结果被特维迪夫扔到了自动汉堡机里,如果不是洛奇机灵,用一根胡萝卜塞进巧克力输出孔,金婕就只能到天堂去学习飞翔了。

在现实生活中,许多父母也总爱犯金婕的错误,为孩子选特长时,或是凭自己的兴趣,或者是赶时髦,听信培训机构的广告和业务员的宣传,明明女儿没有"飞翔"的天分,却非要赶鸭子上架。而"实干鸡"型人格女孩也不像其他人格女孩那样,学习一段时间后,如果自己不爱好,或者没有天分,大都会明里暗里地进行反抗,并最终放弃。

"实干鸡"型人格女孩大都会坚持到最后,结局就是——白白忙碌一场。

把实干当成她们最光彩夺目的"特长"培养

在动画片中,金婕发现了洛奇的真实身份——他是个马戏团小丑,根本不会飞行,而自己也根本没有潜质,学不会飞翔。

在这个时候,她并没有气馁和慌乱,洛奇留下的海报给了金婕很大的启发,注重实干的金婕马上组织大家,动手制造飞机。他们按照书上的图纸,用最简单的工具和材料造出了飞机,最后终于逃出了险境。

在现实生活中,作为"实干鸡"型人格女孩的父母,我们要看到孩子在做事时容易消极落后的弱点,如果没有明显的天分,就不要勉强,而是把实干当成她们最光彩夺目的"特长"来培养,让她们在小的时候就打好知识基础,将来走向社会后,她们就能凭自己的这一"特长"打出一片天地。

教育减法口诀

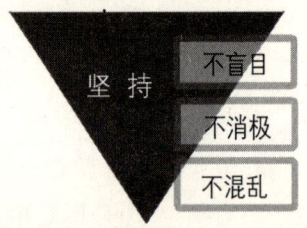

让心清澈如泉水

坚持　不盲目　不消极　不混乱

对于"实干鸡"型人格女孩来说,她们最宝贵的人格品质就是清纯的、不易起波澜的心境,如果父母在这方面引导得力,"实干鸡"型人格女孩不论遇到什么样的打击和挫折,都能做到静若止水。这样,她们才会把自己的实干精神坚持住,并且发挥到最佳水平。

在孩子学习和做事时,家长要从以下几方面保持孩子的心境:不盲目,不消极,不混乱。

教育减法口诀1:不盲目

上小学六年级的时候,爸爸和妈妈离婚了,之后我一直跟妈妈在一起。妈妈是小区里出了名的贤惠妻子,不但对自己的家人好,对街坊邻居也都是一副热心肠。

第九章 "实干鸡"型人格女孩：实干是最好的"特长"

所以爸爸和妈妈离婚后，大家都指责爸爸忘恩负义。听了大家的议论，我也慢慢觉得妈妈是世界上最好的人，像圣母一样完美；爸爸不要妈妈了，那爸爸一定是陈世美似的"坏人"。为此，我对爸爸的态度总是很冷漠。

两年后，爸爸再婚，生了一个男孩。我心想，爸爸是个重男轻女的人，一定会把所有心思都投入到他的新家里，心里不可能有我。所以，爸爸再见我的时候，我就很少说话了，心里乱七八糟的。我的学习成绩就是在那段时间下来的。到了最后，我干脆就有意逃避，很少再见他了。

——北京某公司职员张灿

在这个例子中，在父母离婚后，"实干鸡"型人格女孩张灿之所以对父亲有着那么深的误解，一方面是受邻居影响，但还有一个重要的原因她没有提及，那就是她母亲的影响。

也许张灿的母亲并没有当着她的面说她父亲的坏话，但她会用自己的身体语言表示出自己的反感和不满倾向，这对孩子的心理也会造成不良暗示及影响。

作为"实干鸡"型人格女孩的父母，在孩子遇到困难和挫折的时候，最先要做的，是保护孩子的心境不要受到大的打击和侵扰，而不要过于在乎自己的感受。在许多时候，有些苦，家长是要暗自忍下的，而把事情阳光的一面展示给孩子。

教育减法口诀2：不消极

一直到小学三年级，我的学习成绩都是不错的。可到了四年级时，班里忽然换了一个数学老师，不知为什么，我特别不适应他的讲课风格，总有好多地方听不懂。不久，我的成绩就下来了。妈妈给我找了一个家教，可补习了一阵子后，我的成绩还是没有提高。爸爸特别生气，总是对我说："怎么长着长着还变傻了呢，小的时候挺聪明的呀！"

我听了，心里十分不舒服。不过，我是个自控能力比较好的人，虽然难过，每天还是在努力学习。但因为心气不高，学习态度比较消极，我的成绩一直在班里的中下等徘徊。

——上海某公司职员桑志扬

在这个例子中，桑志扬的父母犯了一个许多"实干鸡"型人格女孩的父母常犯的错误：只重视对孩子学习成绩的辅导，而没有重视对其进行心理辅导。而对于"实干鸡"型人格女孩来说，如果心态调整不过来，单纯地在学习辅导上下工夫是没有用处的。

在许多时候，父母在对"实干鸡"型人格女孩进行引导的时候，更多的，不是对她讲大道理，而是引导孩子把心中的负面情绪说出来。如果不能为孩子找到解决问题的好方法，千万不要为了面子硬编一些套话和空洞的道理，只要让孩子明白，你相信她，并时刻在背后支持她就可以了。

教育减法口诀3：不混乱

小的时候，我们家和爸爸的同事张叔叔家住在一个楼里。张叔叔的女儿张泉是个特别机灵的女孩，她不但人长得漂亮，又特别会说话，妈妈特别喜欢她。

记得那时候，妈妈总是批评我说："你这孩子，跟个闷葫芦似的，一天也说不上几句话。你再这样，周围的人都该把你当成傻子了。在这方面，你可得和张泉好好学一下！"

我听了，心里很不是滋味，马上觉得自己有一种比人家低半头的感觉。

爸爸听了，赶紧来给我撑腰说："张泉的确比我闺女能说会道，在这方面咱不如她。可她也有缺点啊，你看她的房间，乱得跟杂货铺似的。还有她的书包，里面乱七八糟的，想找什么都得翻半天。你再看我闺女，做得可比她好多了，一看就是个花木兰，将来，一定是个做将军的料。"

我听了，心里一下变轻松了，觉得自己终于有了可以和张泉"平起平坐"的筹码。此后，我便开始刻意地发扬自己这个特点：房间的东西放得一丝不乱，书包里的东西都放在固定的位置，甚至哪本书挨着哪本书每天都是固定的。

后来，我这个特点被发展得越来越鲜明，有不少人甚至说我是"刻板"、"矫情"或者"洁癖"。不过我都丝毫不往心里去，因为此时，我耳边响起的，总是爸爸那些夸赞和鼓励的话。

——北京某外企总裁吴芳梅

在这个例子中，吴芳梅的父亲对女儿的人格特点是十分了解的，所

第九章 "实干鸡"型人格女孩：实干是最好的"特长"

以，他的鼓励十分有针对性，对女儿的作用也十分巨大。

对于"实干鸡"型人格女孩来说，在两种情况下，她们的心理容易出现混乱情况：

第一，同时处理几件事情的时候。因为做事专注，她们较难从一件事情上迅速转移到另一件事情上。

第二，出现消极情绪的时候。

所以，"实干鸡"型人格女孩的家长一定要让孩子养成做事有条理、遇事不混乱的生活习惯，这会使她们在将来工作和生活中受益匪浅。

第十章 "诚信狗"型人格女孩：讲究忠与义的分寸感

代言动物

诚信狗

> 她们做事谨慎，比较在意周围人的评价和感受，更在意维护与亲友的忠诚和信义。但如果父母和老师引导得不好，她们很容易变得思想保守，不管对错，一味地坚持自己的观点。

人格小档案

	外在表现		内在表现
着装偏好	着装上没有多少个人主见，父母买什么就穿什么，缺少个性及亮点	最佳伙伴人格	"才华马"型人格 "坚韧牛"型人格
言谈举止	在多数情况下对人都较温顺有礼，但对待个别自己反感的人时则不苟言笑，说话容易过火	最佳人格表现	诚信

第十章 "诚信狗"型人格女孩：讲究忠与义的分寸感

人格优劣势

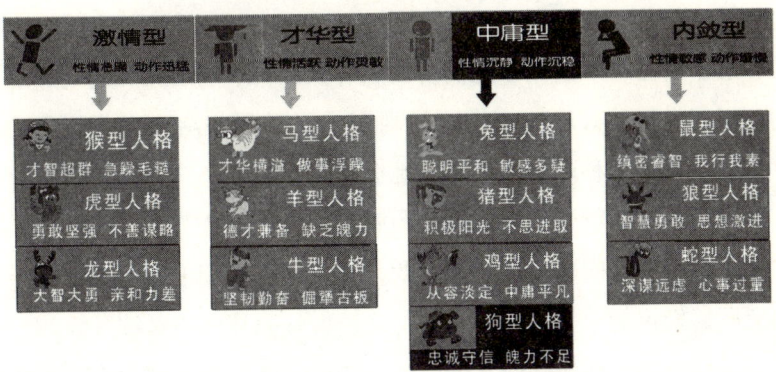

气质类型

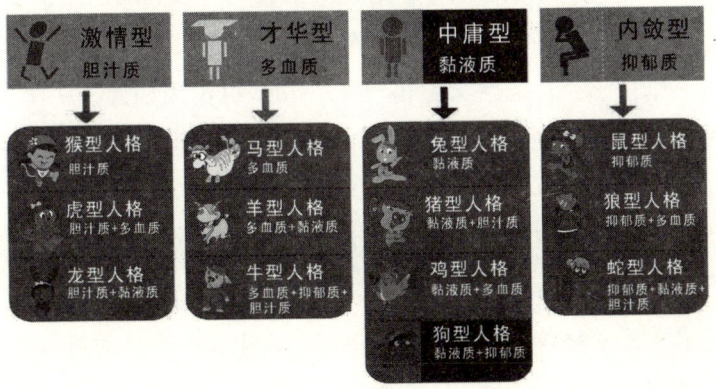

——女孩教育减法口诀

核心人格特征

幸福永驻心间

对于自己喜欢或不喜欢的人,"诚信狗"型人格女孩的表现是有天壤之别的。

对于自己喜欢的人,她们会变成春天的风,把温暖不停地吹进对方心间;对于自己不喜欢的人,她们则变成了秋风,给人带来透彻心骨的寒意。也正因为这种耿直和率真,她们总是能赢得亲友的拥戴和喜爱。

同时,因为特别珍惜与亲友的感情,她们会把这份感情变成自己奋斗的动力,不停地向成功迈进。因此,即使没有父母长辈监督,在生活和学习上,她们也能很好地克制自己,努力做好应该做的每件事情。

但如果家长和老师引导得不好,"诚信狗"型人格女孩容易在人际交往中出现一系列问题:盲目崇拜,缺乏理智,胡乱许诺,等等,让她们本来理性克制的生活出现一系列不应有的失误。

闪光点:"天易老,情难绝"

在"诚信狗"型人格女孩心中,总是有这样一种强烈的愿望:希望与亲友的爱"芳华永驻",不要因世事人情的改变而变浅变淡。所以她们在做事时,总是情重于礼,把信义看得重于一切,也正因如此,在学校中,她们大多是班干部或三好学生,在家中,则是父母亲朋最贴心的"小棉袄"。

正因为把亲情、友情看成了"永不消逝的电波",所以,她们在做事时,总是容易保持很好的状态,并经常会有超常的发挥。

汪洋是我弟弟家的孩子,因为身体不好,上小学一年级的时候,长得还像五六岁的孩子一样瘦弱,在班里总是受欺负。

丁香知道这事后,特别心疼汪洋,不停地劝她舅妈给汪洋转学,到丁香所在的学校上学,她说她这个做姐姐的一定会好好照顾他。

当时,我和弟弟也都没太在意,觉得丁香一个十一岁的小孩子,哪有那么好的耐心去照顾一个七岁的小弟弟。后来,我们让她磨烦了,就把汪洋转到丁香所在的学校。

 第十章 "诚信狗"型人格女孩：讲究忠与义的分寸感

可让我们万万没想到的是，此后，丁香像个小大人似的，尽心尽力地照顾起汪洋来。有一次，有一个高年级的男孩子欺负汪洋，恰好让丁香看见了，她像个小穆桂英似的，跟那个男孩打了起来，把人家的手挠破了，衣服也撕坏了。

有了这次流血事件后，一些男孩不敢再欺负汪洋了。不仅如此，汪洋学习上的事，丁香也管得特别严格，转到这个学校没多久，汪洋的学习成绩也提了上来。

——十一岁女孩丁香的母亲

许多人可能会这样认为，在这个例子中，"诚信狗"型人格女孩丁香亲情观念比较浓是父母教得好，这只是一方面的因素，更重要的是这种人格类型的天性所致。因为她们不只是对亲人保持这种无价的真情，只要是她不反感的人，在与之交往时，她都会保持一片赤诚之心——她们喜欢那种被人"需要"和相互友爱的美好感觉。

所以，尽管"诚信狗"型人格女孩没有激情型人格三类女孩那种火一样的激情以及超强的亲和力，但她们却以自己的真诚和信义赢得了大家的喜爱，在十三型人格的十三类女孩中，其人际关系协调能力仅次于"洒脱龙"型人格女孩。

灰暗面1："水土不服"

对于"诚信狗"型人格女孩来说，无论是生活环境，还是人际关系，她们总是不希望有任何变化。如果万一发生变化，她们大多不能积极适应，而是采取消极抵抗的方式，这种人格倾向大大降低了她们的适应能力。

在这种情况下，如果家长和老师引导得不好，她们的学习和生活就会出现一系列的负面问题，甚至会由"乖乖女"变成"野蛮女"或者"问题女"。

肖雯九岁那年，因为工作调动，我们全家从昆明搬到了北京。

进了北京的小学后，肖雯迟迟融不到班集体当中，都去了好几个月了，一个好朋友也没有。放了学，一写完作业，不是给她昆明的好朋友打电话，就是用QQ语音聊天。

有一次，因为一点小事，肖雯和班里一个孩子吵了起来，结果晚上回到家，便吵着要回昆明老家。当时，我们也没当回事，训了她几句就忙工作上的事去了。

结果第二天晚上放学后，肖雯说是出去买东西，却一个人打车到了北京西站。发现肖雯不见了，我和她爸爸急得差点晕过去，幸好，我们赶到西站时，肖雯还没有上火车。

当天晚上，我和爱人给肖雯做了一晚上的工作，可她就是听不进去。没办法，几天后我们怕她再故伎重演，只得把她送回昆明老家，让她姥姥带她。

——九岁女孩肖雯的母亲

在这个例子中，"诚信狗"型人格女孩肖雯的反应之所以如此过激，一方面的原因在于北京与昆明在地理环境和风土人情上差异较大，她一时难以适应；但核心因素还是源于"诚信狗"型人格女孩的人格特征——她们对原有的感情过度依赖。

当然，如果家长和老师引导得好，"诚信狗"型人格女孩这种过度依赖的问题还是可以解决的，只是需要较大的耐心。同时，要帮孩子迅速找到新的朋友，"替代"她们原来所依赖的人。

灰暗面2：缺少分寸感

如果家长和老师引导得不好，许多"诚信狗"型人格女孩在处事时，会陷入这样的一个怪圈当中：只重关系，不顾及情理，因为把握不好人际交往的火候，常常为了个人关系，而做出一些不理性的事情，犯一些"小儿科"的错误。

比如和哪个老师关系好，就愿意学哪个老师的课，如果关系不好，就用消极学习或者"罢课"的方式，"惩罚"自己不喜欢的老师。

有一次，邻居卢强家的孩子卢必达来我家玩，林梅便和他一起打开电脑玩游戏。后来卢必达嫌台式电脑的网速慢，玩得不痛快。林梅知道我的笔记本电脑里装的是3G上网卡，为了让卢必达玩得开心，就不顾我平时的严厉嘱咐，让卢必达用我的笔记本电脑玩了游戏。

结果因为卢必达乱上网，我的电脑中了病毒，后来虽然让维修部的人

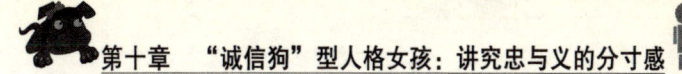

第十章 "诚信狗"型人格女孩:讲究忠与义的分寸感

抢救出了一些文件,但还是有公司的几个重要文件被损坏了。我不但被扣了工资,工作都差点没保住。

当我批评林梅时,她却理直气壮地说:"卢必达是我的好朋友,如果他想用用咱们家的电脑我都不让他用,还算是好朋友吗?"

听她这么一说,我气不打一处来,什么都不想和她说了。

——九岁女孩林梅的父亲

在这个例子中,林梅的父亲显然是不了解女儿的人格天性,他这种正面批评的方式显然是不会有什么好的教育结果的。因为在"诚信狗"型人格女孩看来,对待朋友应该像春天一般温暖,"两肋插刀"都可以,用一用笔记本电脑当然是小事一桩。

作为"诚信狗"型人格女孩的父母,不要总想强行改变女儿的这种处事方式,而是要让她们明白,在人与人交往的过程中,应该把握一个什么样的分寸。

"诚信狗"型人格女孩的生活表现

孩子常见问题	家长应对方法	注意事项
在生活中过度依赖父母或亲人，无法独立完成任务	不能包揽一切，故意把一些孩子可以独立完成的事情交给她处理，以免其形成心理依赖	要循序渐进，不能操之过急，以免其心理难以承受
把老师或者他人的话当圣旨，不管自己是否能做得到都要尝试	要教育孩子，理性分析他人的话，不能盲目听从	不要嘲讽孩子
对和自己关系一般的人态度冷漠，过于注重"利益交换"的处事方式	对其讲明不藏私心的处事原则，同时，要对其详细地说明"利益交换"容易出现的负面后果	要理性分析，而不要加入太多个人的感性评论

"诚信狗"型人格女孩的学习表现

孩子常见问题	家长应对方法	注意事项
把学习上出现的问题全推到老师或同学头上，不愿意从自己身上找问题	接纳她的感受，但要启发孩子，是否还有改进学习成绩的好方法	不能操之过急
总想让父母或同学帮着自己做题	鼓励她自己找答案	不要养成陪着孩子学习和做作业的习惯
学习上的事从不愿意自己拿主意，全部听从老师和家长的安排	简单的事要鼓励孩子自己拿主意，复杂的事可提供几种答案，让她自己选择	不要把孩子的依赖心理当成"乖巧"和"温顺"

第十章 "诚信狗"型人格女孩：讲究忠与义的分寸感

典型人物启示

理性对待亲情，才能真正地长大

典型人物：丽滴（动画片《小姐与流氓》主人公）

在动画片《小姐与流氓》中，一只叫丽滴的小狗在失去主人的宠爱，经历了一番惊心动魄的流浪生活后，终于明白该如何处理与主人的依赖关系，如何去同那些与自己完全不同的人交往。

在这部动画中，导演用感性化的故事，很好地向孩子们讲述了解决心理依赖症的好方法，值得所有"诚信狗"型人格女孩的家长参考借鉴。

让孩子学会自我化解"嫉妒"心理

在动画片中，主人对丽滴的冷落是从她怀孕后开始的。其实导演是想用这样一个情节告诉孩子们，如何对待家里的弟弟妹妹，如何化解心中的嫉妒之情。

"诚信狗"型人格女孩的家长一定要理解孩子的心理：因为她们过于注重与父母的这种依赖感，所以在她们的心里，要接受"抢走"父母的弟弟妹妹是需要一段时间的。家长虽然不能对孩子施予完全均等的爱，但也一定要像动画片中的主人公那样，时刻让孩子意识到：父母也时刻在重视她，虽然分给她的时间不如弟弟妹妹多，但感情的多少是一样的。

学会转移感情

在动画片中，丽滴在认识了流浪狗长云后，开始对她与主人的关系有了较为理性的认识。所以她不再悃恨主人的"无情"，在遇到主人姑妈的误解和虐待后，她依然能够"以德报怨"，与长云一起赶走了咬婴儿的大老鼠。

对于"诚信狗"型人格女孩来说，要想在心理上长大，第一位要做的就是学会"移情"，把自己的依赖感情投射到其他的人或事物上去。

父母一定要明白这一过程是十分艰难的，一定要引导孩子慢慢改变。如果变得过快，不但孩子转不过弯来，对她们的心理伤害也十分大。正像动画片中的丽滴一样，在经历了误解、伤害、甚至死亡的威胁之后，才真正摆脱了心理阴影，找到了自己的心灵归宿。

——女孩教育减法口诀

教育减法口诀

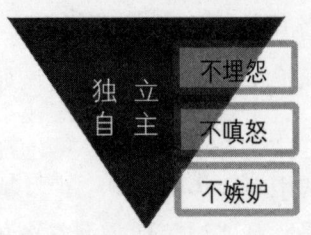

对于"诚信狗"型人格女孩来说，最容易滋生出来的负面心态就是"过度依赖"，所以，从某种意义上来说，孔子所提的那类"难养"的女子，大多是"诚信狗"型人格女孩。

她们之所以容易"远则不逊，近则怨"，主要还是因为她们总是容易对人和事物产生强烈的依赖感，有了这种心理后，在与人接触时，就很难把握好亲疏关系，所以心境总是变得特别快，给人一种一日三变的不佳印象。

所以家长和老师在对"诚信狗"型人格女孩进行引导时，要重点培养她们的独立意识，在学习与做事时，要有主心骨，这样才能很好解决与亲友的过度依赖关系。

教育减法口诀1：不埋怨

九岁那年，母亲当上了她所在企业的营销副总，因为工作忙，母亲把我和弟弟送到了姥姥家，让姥姥姥爷带我们。我当时对母亲特别有意见，总觉得她不能像其他孩子的母亲那样，能事业孩子两不误。

所以，每次母亲去看我和弟弟时，我都成心跟她过不去，不是嫌她买的衣服爱掉色，就是嫌她做菜不好吃，反正，如果不把母亲弄得心里不自在，我绝不罢休。

我上初一那年，母亲获得了市"劳模"的称号。在主持人采访她时，一提到家庭方面的事，一贯刚强的母亲却流出了眼泪，哽咽着说："我不是一个好母亲，因为工作，让孩子们吃了不少的苦……"

直到那一刻，我才原谅了母亲。

第十章 "诚信狗"型人格女孩：讲究忠与义的分寸感

——北京某大学学生洪文雅

因为对父母亲人过度依赖，所以一旦发生分离或者有一些冲突误解后，"诚信狗"型人格女孩就会不停地埋怨，而且这种状态会持续多年，特别不易消除。

在例子中，洪文雅之所以能从心底真正原谅母亲，不只是因她在事业上取得了成绩，更重要的是，母亲能真切地表达她内心的想法。所以在生活中，"诚信狗"型人格女孩的父母在与孩子进行沟通时，一定要真诚，把所有的话都拿到面上来，跟孩子说透，绝不能隐藏过多，甚至编造谎言。

教育减法口诀2：不嗔怒

我八岁那年，小姨考上了大学，便不在我家里住了。从她上初一时，小姨就从乡下来到我家，和我住在一起。小姨一走，我就性情大变，特别爱发脾气，还养成了一个特别不好的毛病，如果生气，就一定要摔东西。只有听到物品碎裂的声音，我心中的怒气才能慢慢消除。

开始的时候，爸爸还会斥责我，可他们的斥责会使我更加愤怒。后来，爸爸妈妈也许是心疼我身体不好，所以我再摔东西的时候，他们就不太管我了。

走向社会后，我依然没有改掉这个毛病。每每同公司的同事有争执时，我都会摔破一两样东西，弄得我和同事的关系特别紧张，极大地限制了我在事业上的发展。

——深圳某企业职员孙悦娇

在这个例子中，如果孙悦娇的父母在她小的时候能耐心引导，她爱摔东西的负面人格是完全可以消除的。

对于"诚信狗"型人格女孩来说，在遇到亲人分离的情况时，会发生轻度的分离焦虑症，这是比较正常的。此时，父母不能像例子中孙悦娇的父母那样，对问题采取回避方式，这样只能让"诚信狗"型人格女孩心中的焦虑更加强烈。

在孩子摔东西后，父母不要过多指责，而是要引导她们，让孩子把内心的焦虑说出来，然后和父母一起探讨解决的方法，这样，孩子的怒气才

能慢慢化解，而不需要通过摔东西的方式来发泄了。

教育减法口诀3：不嫉妒

从小学三年级起，我就开始学习跳拉丁舞。当时教我的老师名叫李子康，不但人长得帅，待人也特别和善，而且他的舞蹈是培训机构里的老师中跳得最好的。正因如此，我们几个学舞的孩子都特别喜欢他。

因为比较勤奋，所以我的拉丁舞是几个女孩子中跳得最好的，在市里的比赛中还得过一个三等奖，所以李老师对我十分亲热。

可到了我上四年级的时候，培训班又来了一个叫雪雁的女孩子。她得过全国比赛的亚军，基本功特别好。她来到培训班后，李老师便把她作为重点苗子进行培养了，我则被打入"冷宫"。

在那段时间里，我特别恨雪雁，总觉得她抢走了我在培训班中的位置。为此，我还故意找碴儿和她吵了好几次架。后来，我忽然就不愿意学拉丁舞了，父母问我原因，我只是淡淡地说我不喜欢那里的老师。

——广东某大学学生于馨伟

在这个例子中，于馨伟因为嫉妒而放弃了自己学得比较好的拉丁舞，是令人感到十分可惜的。由此我们可以看出，对于"诚信狗"型人格女孩来说，这种过度依赖的表现是多种多样的，甚至对舞蹈老师的"厚此薄彼"都会出现过激反应。

在例子中，于馨伟的这种不良情绪表现得十分隐秘，如果父母不认真观察分析的话，是很难发现问题真相的。所以，在许多时候，当"诚信狗"型人格女孩在学习上成绩下降时，父母不要简单地以为孩子在学习方法或兴趣上出现了问题，在许多时候，也极有可能是与老师的依赖关系出现了问题，此时，家长一定要对症下药。

内斂型

十三型人格

聪明鼠

智慧狼

谋略蛇

内敛型人格女孩篇：
抓住现在，握紧未来

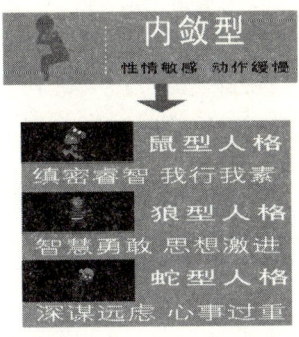

内敛型人格概述

气质类型	细分类型	优势与弱势	情绪控制力	核心竞争力	典型人物
抑郁质	"聪明鼠"型人格	抑郁质	缜密睿智 我行我素	特别不爱冲动，情绪控制力弱	做事讲究技巧方法，且身怀"绝计"，那些在普通人看来难以逾越的险阻，在她们看来，只是寻常小事，是圈子中的小"超人"	莉萝
	"智慧狼"型人格	抑郁质+多血质	智慧勇猛 思想激进	特别不爱冲动，情绪控制力较弱	有着一流的自我管理及约束能力，容易成为圈子中的优秀人物及核心力量	花木兰
	"谋略蛇"型人格	抑郁质+黏液质+胆汁质	深谋远虑 心事过重	特别不爱冲动，情绪控制力很弱	足智多谋、从容不迫，可以应对无比复杂的工作，在他们的人生字典中，没有犹豫和畏惧这样的字眼	伊娃

第十一章 "聪明鼠"型人格女孩：不要耍小聪明

代言动物

聪明鼠

> 她们缜密睿智，做事讲究技巧方法。因身怀"绝技"，那些在普通人看来难以逾越的险阻，在她们看来，只是寻常小事，是经常受老师和同学夸奖的小"超人"。但如果家长和老师引导得不好，她们容易变得做事爱耍小聪明，爱打擦边球，甚至为了眼前利益，不惜打破所有道德约束。

人格小档案

	外在表现		内在表现
着装偏好	不爱打扮，着装上比较单一，也不追求时尚，有时甚至显得有些落伍	最佳伙伴人格	"洒脱龙"型人格 "谋略蛇"型人格
言谈举止	很乐观，笑起来很单纯，会巧妙地掩饰内心世界	最佳人格表现	聪明

人格优劣势

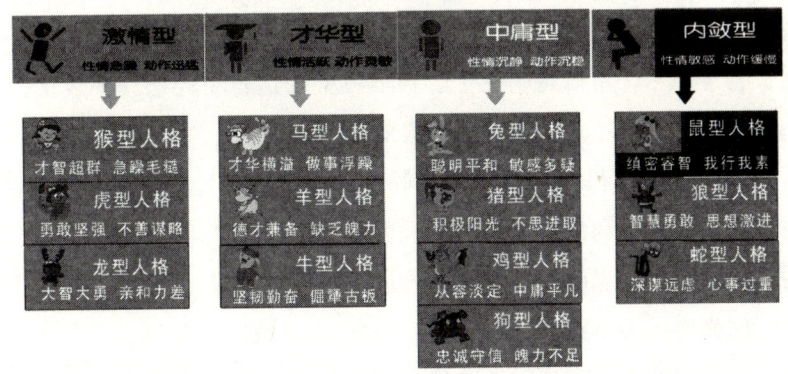

气质类型

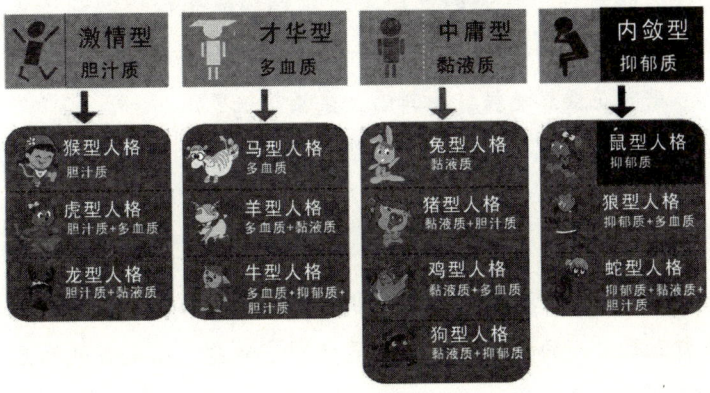

——女孩教育减法口诀

核心人格特征

聪颖小精灵

因为聪明中带着顽皮和可爱,所以"聪明鼠"型人格女孩总给人一种超凡脱俗的感觉,像神话中的精灵一样,身上总有一股神秘感。因为聪明,善于思考,所以她们在生活和学习上总是容易轻松获得成功,并且她们也总是能以最小的代价获得最大的成功。

但如果家长和老师引导得不好,"聪明鼠"型人格女孩的这种聪明,也容易变成狡猾和世故,在学习和做事时,一味地和别人耍心眼,等她们的小聪明被别人识破后,便很难再进行深入的合作。

闪光点:人小鬼大

在十三型人格理论的十三种人格类型中,但凡较聪明的人格类型,都容易失去可爱与天真无邪的一面,可"聪明鼠"型人格女孩却很好地保留了这种天性,所以她们在学习或做事时,十分有灵性,还可以进行很巧妙的改进和发明。

在上七年级的时候,李晶的电脑水平就已和成年人中的高手差不多了。我和李晶的爸爸工资都不高,又要给在老家的父母寄钱,所以日子过得比较紧巴,平时花钱总是精打细算的,生怕花错了钱。

李晶见状,就劝我做个网店,到厂家去批衣服卖。见我不明白,李晶就详细地介绍了开网店的方法、技巧等。我知道李晶是电脑高手,我如果做了网店,她准会帮我弄得特别好的。

果然,网店开业后,从商品照相,图片修改、上传,到进货发货,李晶每个环节都能帮上我的忙,而且还做得特别有新意。结果我的网店没开多久,生意就火了起来。

——十三岁女孩李晶的母亲

灰暗面1:走捷径

在"聪明鼠"型人格女孩看来,做事时速度和成果一样重要。因为一直想快速获得自己想要的东西,所以,在学习和做事时,她们也往往因为过于心急而采用一些打"擦边球"的方式,最终反而容易弄巧成拙。

第十一章 "聪明鼠"型人格女孩：不耍小聪明

成玲在上小学四年级时，我就开始为她小升初的事头疼。她的各门功课还可以，但放在特长生多如牛毛的北京来说，她的成绩就显得太微不足道了，还不足以考上一所好的中学，家里又没什么门路，只好听天由命了。

可是成玲却总是信誓旦旦地对我说，她一定要想办法考一所好中学，不能让老师和同学们瞧扁了！

她整日摩拳擦掌的，希望能有一个"天上掉馅饼"的好机会，在一些小学生的比赛中得个一等奖。

没多久，机会便来了——春蕾杯全国作文比赛开始了，她开始紧张地忙碌起来，想在比赛中一展身手。

不久，春蕾杯作文大赛的比赛结果公布出来，成玲真的获得了一等奖。我不禁心花怒放，赶紧四处打听重点学校招生的情况，想以此作为敲门砖，使成玲能被点招。

我还没来得及摸清重点学校的招生情况，意外情况就发生了——成玲的作文因涉嫌抄袭而被取消了一等奖的资格。

原来成玲在比赛前背诵好几篇优秀作文，在比赛时竟然把几篇文章东拼西凑地攒到了一起，就这样弄出了一个"优秀作文"。

——十三岁女孩成玲的母亲

在这个例子中，"聪明鼠"型人格女孩成玲已经十三岁了，对于作文中抄袭的严重性她也是很清楚的，可因为特别想赢，她还是铤而走险了。

她在这个比赛中耍了个小聪明，把几篇作文的内容拼到了一起，她以为这样做便可以瞒天过海。由此我们可看出，在许多时候，家长对"聪明鼠"型人格女孩进行引导时，还是要努力让她们学会质朴守拙的做人方式，并以具体的实例告诫她们，要小聪明不但走不了捷径，反而容易走"回头路"。

灰暗面2：孤独的雄鹰

如果家长和老师对"聪明鼠"型人格女孩引导得不好的话，她们很容易变得孤僻自闭，在与人交往时，不顾及他人的感受和想法，我行我素。

所以在许多时候，尽管"聪明鼠"型人格女孩很聪明，但她们的人缘并不好，也很少能得到大家的真心帮助。

有一次，紫玉在小区的院子里和同学黄璨灿打羽毛球，结果因为不小心，黄璨灿一下子把羽毛球打到了紫玉的眼睛上。紫玉疼得眼泪都出来了，站在那不停地揉眼睛。

黄璨灿见了，也不去看紫玉的眼睛到底伤着没有，只是不停地催促她赶紧发球。紫玉听了，十分不高兴，就说："你发球一点都不小心，使那么大劲干什么，是打球还是打人呢？"

黄璨灿听了，也十分不高兴，马上回敬紫玉说："这怎么能怨得了我，你笨得像头牛，这么好的球你用拍子都接不住，还用眼睛接。"

结果，两个人你一言我一语地就吵了起来，最后不欢而散。自那以后，两个孩子再也没在一起玩过。

——十岁女孩紫玉的母亲

通过这个例子，我们可以看出，"聪明鼠"型人格女孩虽然聪明，但在人际沟通时却缺少智慧。她们缺乏包容性，总是为一些小事与别人争吵。同时因为不爱说话，在表达自己较为复杂的想法时，她们也较为吃力，所以在生活中，她们经常会因为一些小的误解，而与别人发生较大的摩擦。

父母在对"聪明鼠"型人格女孩进行引导时，要教她们一些与他人沟通时的具体方法，避免她们与别的孩子发生不必要的冲突。同时为了教会她们表达自己内心的复杂感受，父母要在平时多向她们描述自己的心理感受，让她们在潜移默化中受到熏陶和影响。

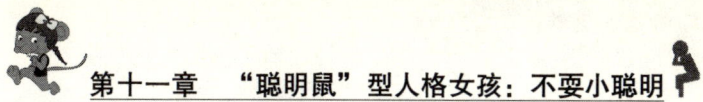

第十一章 "聪明鼠"型人格女孩：不要耍小聪明

"聪明鼠"型人格女孩的生活表现

孩子常见问题	家长应对方法	注意事项
不喜欢或很少和周围的孩子交往	帮孩子培养一个好的业余爱好，借此帮助孩子和有同样爱好的朋友交往	不能强行带孩子参加不喜欢的活动
隐瞒自己的真实想法	通过一些不经意的沟通，引导孩子袒露自己的内心世界，加深彼此的理解	不可疑神疑鬼，如果孩子不肯透露，要尊重她的隐私
与朋友交往时总爱用心机，不真诚	引导她体会人与人之间复杂的感情，让她学会付出，珍惜友情	不要当着朋友面或外人批评孩子

"聪明鼠"型人格女孩的学习表现

孩子常见问题	家长应对方法	注意事项
性情"古怪"，在学校中不善于和同学合作，也不愿意帮助他人	举些真实的例子让她看到不能融入团队的坏处	不要对其要求过于苛刻
在学习上总爱偷懒耍滑	针对孩子的表现，说出你的担忧，并告诉她正确的方法	不要一味地指责
不诚实，总是隐瞒自己的学习成绩	清晰明确地表达出你的感受，并告诉她不诚实的危害	不能小题大做

典型人物启示

以"怪"治"怪"

典型人物:莉萝(动画片《星际宝贝》主人公)

在动画片《星际宝贝》中,主人公莉萝和所有"聪明鼠"型人格女孩一样,不太爱和小朋友们出去玩,总爱一个人闷在家里想事情,偶尔出去做做事,也总容易和别人发生冲突。

可这个性情古怪散漫的孩子,却遇到一个更古怪散漫的孩子——六只脚的外星生物流浪狗史迪仔,他们会激发出一个什么样的结果呢?

动画片告诉我们这样一个可喜的结局:负负得正,两个孩子都变得不再古怪了。这个故事是十分值得家长们三思的。

孩子之所以"怪",在很多情况下是因为缺少爱

在动画片中,莉萝的"怪"是因为她没有妈妈,所以在许多时候,她很孤独。而史迪仔则更可怜,是一个没有父母的机器人,而且是个危险分子,在被流放到银河系另一个星球的途中,由于航天飞机意外失事,才在地球上迫降的。

两个孤独的孩子走到一起,一起玩耍,一起闯乱子,原本枯燥的生活有了生气,相互之间产生了特别的友谊。后来星际联盟会议长来抓史迪仔时,也被莉萝与史迪仔之间的友谊感动了,所以又把闯下祸端的史迪仔留在了地球上。

在现实生活中,因为性格内向,如果缺少朋友、伙伴,父母再无暇陪伴的话,"聪明鼠"型人格女孩的心理是很容易出问题的。所以在这方面,父母要多想办法,为她们找到好的伙伴,这样才有利于她们的健康成长。

"坏孩子"最容易被同伴感化

在动画片中,莉萝和史迪仔不但"怪",而且还是"坏孩子",莉萝爱和人打架,史迪仔则爱"闹事"。但两个孩子在一起时,因为生活充满了乐趣,她们便不再去想着到处"破坏",有了事情,双方还可以互相商量,这样自然减轻了祸端发生的概率。

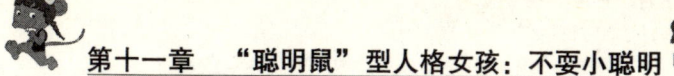

第十一章 "聪明鼠"型人格女孩：不要小聪明

在现实生活中，因为比较我行我素，"聪明鼠"型人格女孩大都显得很不合群。此时，家长不但要帮她们选择伙伴，如果有了矛盾，还要协调她与伙伴之间的关系，让她们不但能接受彼此的"怪"，还要发展成为喜欢彼此的"怪"。

但这一切变化都是需要时间的，父母千万不要操之过急。

教育减法口诀

团队是最好的"雕刻大师"

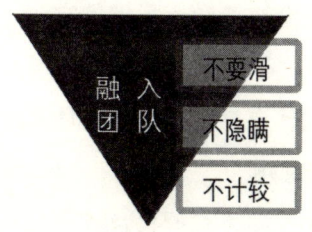

把团队比喻成一个"雕刻大师"是比较恰当的，因为如果一个孩子真的融入到一个团队中，有了集体荣誉感，她的生命将从此与众不同，会展示出异样的光彩。

对于"聪明鼠"型人格女孩来说，因为天性中就有许多散漫的、我行我素的东西，要想融入团队中，还是比较困难的。对此，老师和家长要通力配合。

教育减法口诀1：不要滑

上小学的时候，我们班有一个特别聪明的女孩，名叫李皎月。可能是因为她的父母太宠爱她的缘故吧，她特别不爱劳动。当时，我、吉宇和她分在一组做值日。放学后，她一会去厕所，一会又发短信，结果，活几乎全是我和周宇干的。

有时候，她干脆一放学就迅速跑掉，剩下我们两个人做值日。等第二天到学校，她就说她忘记了。

有一次轮到我们组值日的时候，她放学后又是第一个就跑掉了。我和周宇为了给她点颜色看看，就把垃圾袋放到了她的书桌里，上面还附了条

——女孩教育减法口诀

子，写着：

不好意思，我忘记了！

自那以后，再做值日的时候，李皎月就不好意思再偷懒耍滑了。

——北京某大学学生冯伟荷

在这个例子中，如果仔细分析这个"聪明鼠"型人格女孩不爱做值日的原因，会很复杂，可能其中最重要的一条一定与她父母和亲友的负面熏陶有关。可能在她的父母或亲友看来，在集体中少干活或不干活是"占了便宜"，是"聪明"的表现，所以李皎月才会在这方面大动心思。

为了让孩子能真正学会快速融入集体的方法，父母一定要让孩子去掉身上一些"刺"。这些刺或者没有用处，或者容易伤害他人，家长千万不要把这些东西当成孩子的优点，要在最短的时间内，帮孩子清除干净。

教育减法口诀2：不隐瞒

上小学五年级的时候，因为我的田径成绩特别好，就和另外三个女孩被选上，代表学校去参加区里的运动会。我们入选了一个短跑项目——4×100米接力。可离比赛还有三天的时候，我在骑自行车时不小心把大脚趾头扭伤了。

我在家试了试，发现伤得虽然不太重，但在跑步时还是会受到一定的影响。当时我心里特别矛盾：如果不参加，觉得可惜，毕竟是一个出名的好机会；但要参加，容易对集体产生负面影响。因为我知道，这种全区的比赛，选手之间的差距十分小，我受了伤后，达不到最佳状态，是极容易拖集体后腿的。

我犹豫再三，还是没把这件事告诉大家，和其他三个人又一起训练了两天。

第二天晚上，参赛的同学林艺给我打来电话，告诉我，她们三个商量好了，如果夺冠，就去她爸爸开的餐厅庆祝一番。听着她志在必得的声音，我的心里十分不是滋味，为自己的自私感到惭愧——毕竟学校里还有和我跑得差不多的同学，我不能因为虚荣就隐瞒自己的伤情。

第十一章 "聪明鼠"型人格女孩：不要小聪明

最后我还是退出了比赛，学校让另一个田径成绩比较好的女孩顶替了我。

——十三岁女孩裘小平

例子中，这个"聪明鼠"型人格女孩竟然可以把自己的心事隐瞒两天，由此我们可以看出她是多么想参加这次比赛，但最后她还是自己说服了自己，这是十分难得的。

可在现实生活中，这种能自己说服自己的事例还不是很多，因为内向、有主意，多数"聪明鼠"型人格女孩都会为了自己的利益而隐瞒实情。

要想改变她们的这种想法，家长和老师需要做好引导工作。

家长要重点让"聪明鼠"型人格女孩培养这样一种团队观念：既然自己是团队的一员，就理应快乐着团队的快乐，悲伤着团队的悲伤。

教育减法口诀3：不计较

在上七年级的时候，我们班有一个叫李苏的同学住院了，我和另外三个班干部商量了一下，决定每人出100元钱，给李苏买一束花，还有一些补品。

当时，学习委员姜欢乐说自己把这个月的零花钱都用完了，希望我先给她捐上。可我给姜欢乐捐上钱没几天，她就转学了。临走前，她也没和我提钱的事，我当时也因为忙，把这件事忘记了。

姜欢乐走的第二天，我就想打电话把钱要回来。可妈妈听了这件事后，却劝我不要要这个钱了。她说："姜欢乐没还你这个钱，一定是她遇到了什么困难。人家刚走，你就逼人家还钱，显得你太小气不说，更让姜欢乐觉得你不信任她。退一万步说，即便是姜欢乐真的不想还你这个钱了，也没什么，同学病了，你本应买点好吃的送给她。这种人情来往方面的事，千万不能太计较，你多掏了100元，也就多传递了一份情谊。"

听了妈妈的话，我再也没有向姜欢乐提起要钱的事，更没有把这件事说给任何人。

——十三岁女孩赵新慧

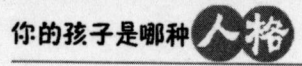
——女孩教育减法口诀

在这个例子中，赵新慧的妈妈的教育角度是十分可取的，她没有从纯粹的金钱的角度分析女儿借钱这件事，而是把它看成女儿与同学间友情的传递。所以，她劝女儿不要要钱，为的是多给同学传递一份情谊。

对于"聪明鼠"型人格女孩来说，她们更需要的是情感教育，因为她们的心太容易受到世俗功利思想的影响，如果让她们养成做事爱计较的性格，那么她们极容易滑向"守财奴"、"势力鬼"这个方向——在这方面，所有"聪明鼠"型人格女孩的家长都必须高度重视。

 第十二章 "智慧狼"型人格女孩:不为一时成败"下狠手"

第十二章 "智慧狼"型人格女孩:
不为一时成败"下狠手"

代言动物

智慧狼

> 她们智勇双全,有着一流的自我管理及约束能力,在同学和朋友中,总是能表现出自己的领导才能及协调能力。但是如果家长和老师引导得不好,她们也容易变成冷漠的、难以"沟通"的孩子,同时还容易因为权力欲过强,总爱与周围的同学和朋友发生激烈冲突。

人格小档案

	外在表现		内在表现
着装偏好	色调偏暗,样式和颜色很少改变,但很注意服装的品牌及整体感觉,意在通过服装体现出自己的实力和"威严"	最佳伙伴人格	"洒脱龙"型人格 "谋略蛇"型人格
言谈举止	表情不定,有时"亲切可爱",有时则异常严肃,她们会因时、因势而自如地调整自己的举止	最佳人格表现	智慧

人格优劣势

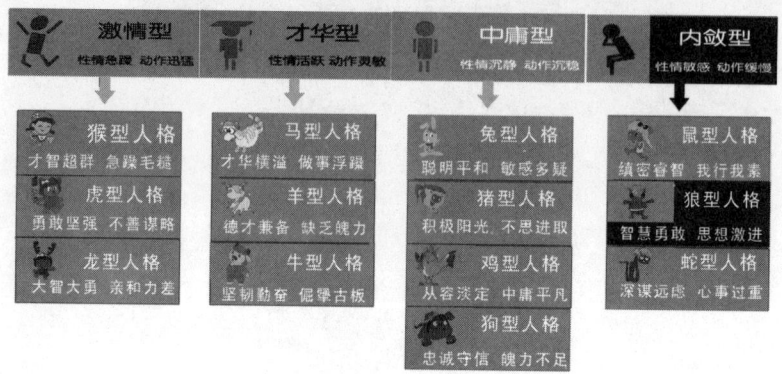

气质类型

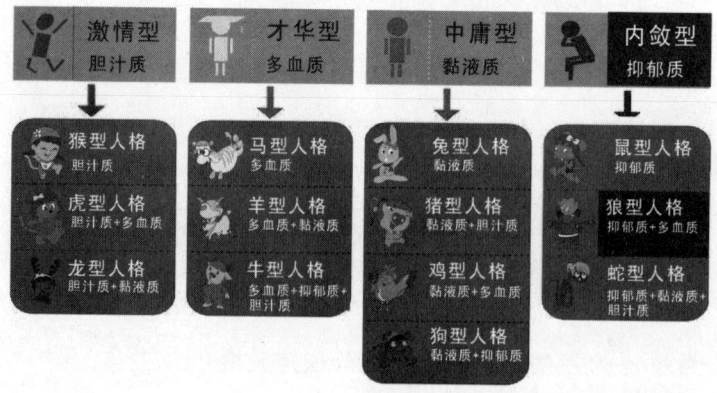

第十二章 "智慧狼"型人格女孩：不为一时成败"下狠手"

核心人格特征

可以被打倒，却不能被打败

在学习和生活中，"智慧狼"型人格女孩能始终保持一种坚定的信念：可以被打倒，但不能被打败，要随时站起来，迎接下一次挑战。所以她们在做事时有着极强的气势，成功率也特别高。

更难得的是，"智慧狼"型人格女孩特别善于团结周围的同学和朋友，携手去挑战一些难题，在这个过程中，她们会表现出超强的凝聚力及号召力，这在十三型人格的十三个人格类型中是十分难得的。

但如果家长及老师引导得不好，"智慧狼"型人格女孩这种勇敢和智谋也容易演化成鲁莽和阴谋，为了成功，她们会轻易地打破道德和法律的约束，有时甚至会铤而走险。

闪光点：英雄情结

在"智慧狼"型人格女孩身上，有着一种从内向外散发出的英雄情结，这使得在学习和生活上，她们不但不惧怕打击，反而把迎接挑战当成一种人生乐趣。在做事的过程中，她们能团结所有可团结的力量，一起为目标而努力。

小学三年级时，万柳转入了一所新的学校，失去了以往大队委兼学习委员的一身光荣头衔。一下子从"公主"变成了"灰姑娘"，这让万柳特别难以接受，她一直想找机会再现往日的"辉煌"。

四川汶川发生地震的当天，大家还都没有想到捐款的时候，万柳却想到了。

她当晚就给校长打电话，说了她的想法，校长被万柳的积极和爱心打动了，同意她第二天一早就在全校举行募捐活动。结果这件事不胫而走，竟然把电视台的人给吸引过来了！

因为突出的个人"事迹"，万柳不但成功当选大队委，还一举成了学校里的小名人。

——十岁女孩万柳的妈妈

在这个例子中，万柳的气魄、才情和组织能力已远远超出了她的同龄人。她的行动正验证了那句话——是金子，到哪里都会闪光的。

特别让"智慧狼"型人格女孩周围的人羡慕的是，她们有两个特别闪亮的才华：

第一，会充分运用各方面的有利条件，而且会把这些条件用到极致。

第二，会在特别短的时间内调动起周围人的积极性，和她一起向前冲。

所以在生活中，许多"智慧狼"型人格女孩一进学校后，就会成为老师的"智囊团"，在家里她们也会早早地成为爸爸妈妈的左膀右臂。

灰暗面1：为私利而奋斗

在"智慧狼"型人格女孩的身上，过早地体现出了成人世界的一些灰暗面：在与他人的合作过程中，她们会把利益放在第一位，信奉"有利则合，无利则散"的原则，所以她们无法和他人保持长久的合作关系。

此外，在人际交往中，"智慧狼"型人格女孩很少有长远的打算，所以她们会特别的实际与功利，有时甚至会做出杀鸡取卵的不理智行为。

上八年级的时候，韩雪同学吴圆圆的爸爸被提升为市汽车公司的总经理。当时，我所在工作单位效益特别不好，就一直想换个单位，可没文凭、没技术，很难找到好工作。

韩雪很快就知道了我的心思。她没事就往吴圆圆家跑，不停地给她一些"小恩小惠"，一时间，两个人打得火热。我也不知道韩雪是如何向吴圆圆的爸爸提起我的，反正没过多久，我就被调到了市汽车公司的后勤部，不久又被调到了采购部，过起了有面子、薪水高的全新生活。

周围的朋友问起我这次"高就"的经历时，我真不知该怎么说。因为我知道，如果我说这事是韩雪一手操办的，他们保证不信——毕竟她还只是一个十四岁的毛丫头。

——十四岁女孩韩雪的母亲

在这个例子中，韩雪小小年纪，就卷入成人世界的名利场中，这对于她将来的人格成长是十分不利的。家长不能为自己一时的私利，就让孩子做一些她们这个年龄不应做的事。

"智慧狼"型人格女孩如果陷入"为私利而奋斗"的怪圈时，就容易较早地失去孩子本应该有的天真，万一出现矛盾冲突，她们很容易受到伤

第十二章 "智慧狼"型人格女孩：不为一时成败"下狠手"

害，严重的会影响建立正常、健康的世界观，这样就等于毁了孩子一辈子，是十分可悲的。

灰暗面2："冷暴力"

如果家长和老师引导得不好，"智慧狼"型人格女孩会变得敏感多疑，性情阴郁。在和同学、朋友相处时，会无端地对对方产生怀疑，使双方的矛盾很快升级。

此外在做事时，"智慧狼"型人格女孩会巧妙掩饰自己的真实动机，用"演技"迷惑周围的人，对那些与自己有矛盾，或者说影响自己发展的人暗中使用"冷暴力"。

因为年龄的关系，她们在这方面表现出的程度还比较弱，且从表面上看也不是很复杂，但却足以引起家长们的重视。

宋倩倩是我女儿菊菲的同学，上八年级的时候，两个女孩子同时喜欢上了班里的一个男孩，结果相互之间就有了一些冲突。有一天晚上，菊菲去小区的商店买东西回来时，忽然被两个骑车的男孩泼了一身的油漆。

我不停地后怕，心想，万一两个孩子把油漆泼到菊菲的眼睛里，那后果不堪设想。虽然我也没找到证据证明那两个男孩是宋倩倩找来的，但我还是担心她会继续报复，就让菊菲转学了。

——十五岁女孩菊菲的母亲

上面这个例子虽然有点偶然因素，而且真实原因菊菲的父母也没查清楚，但如果根据"智慧狼"型人格女孩的人格特点来分析，她们也是很有可能做出这种事情的。

"智慧狼"型人格女孩父母要时刻观察孩子的一举一动，把她们心中的许多负面情绪控制或化解在萌芽状态，这样才不易发生上述例子中的"冷暴力"事件。

同时，如果"智慧狼"型人格女孩到了发育期，父母还要做好性心理的教育和辅导工作，以免发生意外。

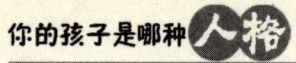
——女孩教育减法口诀

"智慧狼"型人格女孩的生活表现

常见问题	应对方法	注意事项
对家人朋友从没真正关心过，缺少温情	要郑重地找孩子谈话，说出你的想法和建议	要经常和孩子谈心
情绪变化无常，特别容易烦躁	要经常向孩子表明家人对她的关心，同时要让她多参加"温和"的文体活动，缓解紧张的神经	不要将这种表现与她的品格联系起来
做事只顾眼前得失，不考虑长远意义	联系实例（她熟悉的人或朋友发生的事），讲清她的所作所为的危害，让她明白顾及长远利益的重要性	要等待她的改变，不要对其失去耐心

"智慧狼"型人格女孩的学习表现

孩子常见问题	家长应对方法	注意事项
总是用打擦边球的方式挑战学校的管理制度	严格管理，不要迁就，以免酿成大错	不要将事情扩大化
学习成绩不佳时，内心会产生抑郁和焦虑情绪，考试时会影响其正常发挥	帮孩子找到学习成绩下降的真实原因，如果与她的学习态度无关，就不要苛责，给她留一段自我调整的时间，如果没效果，再想其他办法	不要强制性的向她提建议，以鼓励为主
与老师产生误会后不易消除，不爱上这个老师的课	要找到老师问清情况，找到解决办法	如果孩子没有错，不要批评孩子

第十二章 "智慧狼"型人格女孩：不为一时成败"下狠手"

典型人物启示

让理性与感性完美结合

典型人物：花木兰（动画片《花木兰》主人公）

在动画片《花木兰》中，中国人一直歌颂的花木兰，变成了一位质朴的邻家女孩——她厌烦那些封建礼仪，爱和小孩子一起玩耍，充满了强烈的反抗意识。

重点培养"智慧狼"型人格女孩的亲情观念

花木兰身上有着"智慧狼"型人格女孩的所有优点：智慧、勇敢、有组织力。但人们之所以千百年来一直歌颂这位女英雄，最重要的原由是因为她的孝心。在动画片中，花木兰代父出征，她英勇作战的动力来源中，为花家祖宗争光排在第一位。

这一点是十分值得"智慧狼"型人格女孩的父母们三思的。

在北朝民歌中，也用重点篇章描写了花木兰对亲情的重视：立了战功后，她不愿意接受皇帝的封赏，而是回家陪伴年迈的父母。

由此可见，在中国民间，人们早已总结出"智慧狼"型人格女孩的人格培养策略：重点培养她们的亲情观念，让她们过于理性的情感世界柔软下来，这样才能达到感情与理性的完美结合。

让"智慧狼"型人格女孩明白，朋友是获得成功的根本要素

在动画片中，花木兰的身边多了两个朋友：木须龙和蟋蟀。花木兰的这两个朋友一个活泼异常，一个沉稳老练，极好地弥补了花木兰人格中的不足之处。

当花木兰的女儿身被军中的同僚发现，被遗弃在冰天雪地之中，一个人去找匈奴作战时，木须龙一直陪伴在她身边，不断地给她精神上的支持与鼓励，用欢声笑语让花木兰坚持到了最后，取得了了不起的成就。

在现实生活中，像花木兰这样的"智慧狼"型人格女孩，对友情是比较忽视的，如果父母引导得不好，她们很容易树立起这样的观念：朋友是用来利用的。在动画片中，之所以要重点强调友情的重要性，也是深知这种类型人格女孩的薄弱之处。

由此可见，花木兰的成功，最大的两个因素还是亲情和友情的支持。

教育减法口诀

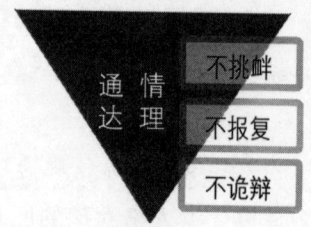

对于特别讲究理性分析的"智慧狼"型人格女孩来说，如何让她们学会做到情与理的完美交融，是考验家长与老师的重要一关。

对于情的理解，"智慧狼"型人格女孩总是容易将其范围定得十分窄，有时她们甚至只将其限定在亲情的范畴内。她们过于看中"理"，觉得在做事时，一要缜密地思考策略，二要周密地部署行动，这才是获得成功的两大法宝，而情只不过是人生长卷中的花边而已，可有可无。

这一观点不仅让她们与周围人的关系弄得十分紧张，更重要的是，也影响她们的心胸和见识的提升。有些时候，尽管这些孩子的学习成绩十分好，可她们的幸福感却十分差。

教育减法口诀1：不挑衅

随着北京老户的逐渐迁移，我们大院里土生土长的北京孩子越来越少，房子大多被附近建材市场的小老板买走或租走了。

大院里有三个年龄相仿的女孩子，不知为什么，我一直没办法和这些建材老板的孩子一起玩，彼此的隔膜也越来越深。

我从小就是院子里女孩们的头儿，制服这些"外来入侵者"是最有一套的。可是妈妈对我的管教越来越严格，她总是说不希望我弄得跟个假小子似的，希望我迅速变成淑女。

也许是因为长大了，我不再像过去那样叛逆地对待妈妈——因为我发现她的身体越来越差了，我不忍心再气得她每天晚上睡不着觉。

就这样，我克制了自己一年多。现在，我发现自己变了，不再觉得这

第十二章 "智慧狼"型人格女孩：不为一时成败"下狠手"

些小老板家的女孩跟我有什么不同了。

——十五岁女孩陈香莲

在这个例子中，香莲因为妈妈的病，便不再和大院里外来的孩子进行无聊的争斗了，她学会了"忍"。因为有了这份"情肠"，她对这些外来的孩子也有了新的了解和认识。所有这些可喜的进步，都来源于她对"情"的新的认识。

由此可见，要制止"智慧狼"型人格女孩身上强烈的"打击"欲望，父母要从让她们了解"情"开始。这种"情"一定要真、要纯，这样才有足够的力量敲开她们的心扉。

教育减法口诀2：不报复

弟弟从小就喜欢揪我的辫子，我却没法对他进行严厉的"制裁"，因为他一哭闹，奶奶就如同碰了心肝似的，要骂我好几天。当时我每天都郁闷得要死，因为我在学校可是出了名的"霸王花"，哪里受过这样的闲气呢。

弟弟从小就身体不好，爱生病，结果被奶奶惯得很不像话，似乎有一种"虐待狂"的倾向。

那时候，我天天盼着奶奶能出门，让我一个人留在家里看他，这样我就可以一次打个够了。

几年后，奶奶突然去世了。失去了奶奶的庇护，弟弟忽然像换了一个人似的，乖得像个小猫咪，一会儿跑到爸爸怀里，一会儿又跑到妈妈怀里，最后又跑到了我的怀里。从弟弟的眼神里就能看出，他内心充满了不可名状的忧伤。我知道，弟弟正在长大。

我忽然理解了奶奶当初的固执与偏心，毕竟，八十多岁的奶奶最了解生命的脆弱性，她最担心的事就是白发人送黑发人。

想到这些，以前对弟弟的恼恨一下全都烟消云散了。

——北京某大学学生洪蓝

在这个例子中，因为生死离别，"智慧狼"型人格女孩洪蓝理解了奶奶的偏心，放弃了"报复"弟弟的想法。

但在生活中，要想找到这种改变"智慧狼"型人格女孩想法的"猛药",是十分不容易的。因为这类人格女孩的神经类型不平衡,加之又特别内向,要想改变她们爱报复的人格弱点需要父母有超强的耐心。

但家长要注意的重要问题是,对于善于理性思考的"智慧狼"型人格女孩来说,只是在理性上让她们理解一件事情是不行的,要想让她们在行动上发生质的改变,必须做到感性和理性的完美结合。

教育减法口诀3:不诡辩

小的时候,妈妈因为上班很忙,就把姥姥接到家里照顾我。

因为妈妈总没时间管我,我心里对她特别有意见,所以每次姥姥管教我时,我都会找出一堆歪理来故意气她,以此来发泄对妈妈的不满。

比如有一次,我买了一条带洞的牛仔裤,姥姥看了,就说我给李家人丢了脸,穿成了叫花子。结果,我用一大堆的事例证明姥姥的落伍与封建,直到说得姥姥张口结舌,向我举了白旗我才收兵。

还有,我整天都要戴着耳机听歌,姥姥说电视上说小孩总戴耳机影响听力,我就讲艺术对培养孩子综合素质的重要性,嘲笑她除了河北梆子,什么艺术都欣赏不了。

结果,姥姥常常被我这个"常有理"搅得"理屈词穷",败下阵去。可是姥姥却屡败屡战,她说只要对我好,只要她还活着,她就要一直管我。

如今姥姥真的离我而去了,想想当初自己同姥姥诡辩的情景,我就特别后悔。哎,那时真是年少轻狂。

——北京大学学生李晓婉

在这个例子中,"智慧狼"型人格女孩李晓婉是特别有心机的女孩,她的想法就是把姥姥气走,然后让妈妈多陪陪自己。但其实就是没有这个想法,"智慧狼"型人格女孩也是经常容易和周围的人诡辩的,一方面是想卖弄自己的智慧,另一方面就是她们的思维中天生就缺少感性因素。

"智慧狼"型人格女孩的父母一定要为她们冰冷抽象的理性思维中多加一些感性因素,这样她们才不会活得干瘪、生涩,同时,也不会因为想法过于"冷酷",而给周围的人带来伤害。

第十三章 "谋略蛇"型人格女孩：不疑才会更睿智

代言动物

谋略蛇

> 她们足智多谋，做事从容不迫，可以应对复杂多变的环境，完成比较艰难的工作。在她们的人生字典中，没有犹豫和畏惧这样的字眼。可如果家长和老师引导得不好，她们容易因多疑而导致自我防范意识过强，将才智用偏。

人格小档案

	外在表现		内在表现
着装偏好	穿着上比较单一，偏爱深暗的颜色，不赶时髦，很有"神秘"感	最佳伙伴人格	"洒脱龙"型人格 "才华马"型人格
言谈举止	有的很少有表情，但眼神犀利；有的则表情万端，让人看不透内心的真实想法	最佳人格表现	谋略

——女孩教育减法口诀

人格优劣势

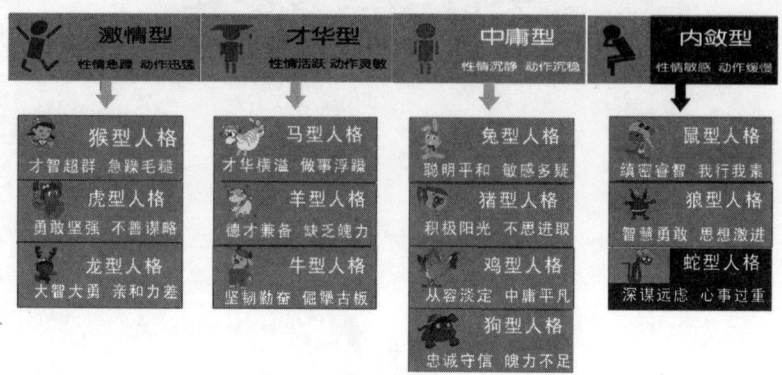

气质类型

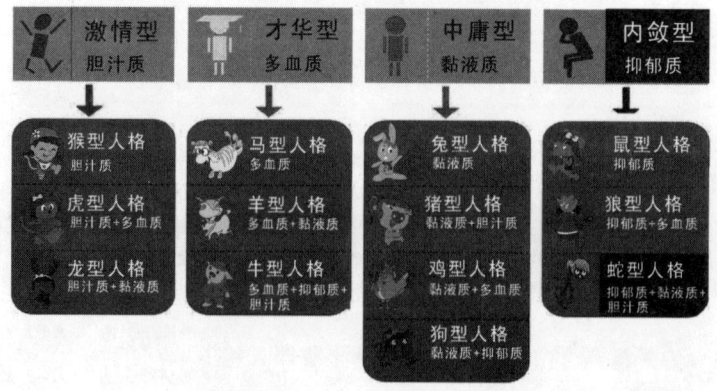

第十三章 "谋略蛇"型人格女孩：不疑才会更睿智

核心人格特征

用睿智赶走所有干扰

"谋略蛇"型人格女孩是最善于思考的一类人。在学习和生活中，无论遇到的问题有多么复杂烦琐，她们都能从容地将问题分解开，一点点耐心解决，直到取得一个完满的结果。

"谋略蛇"型人格女孩与"智慧狼"型人格女孩有所不同，前者是在困难还没有发生之前，就把矛盾提前化解掉；后者是在困难发生的时候，表现出一种超强的应对智慧。

这种处世风格的好处是，可以尽量减少压力，化解风险。

不过，如果家长和老师引导得不好，"谋略蛇"型人格女孩极有可能滑向"阴谋家"的灰暗面。同时因为亲和力差，她们的人际关系大都比较平常。

闪光点：把风险控制到零

因为善于谋划，所以"谋略蛇"型人格女孩在做事时很少有"失手"的时候。在学习和生活中遇到困难时，她们也能很好地顶住压力，小心寻找最佳解决方案。同时因为谨慎严密，在没有好的解决办法时，她们从不轻易尝试。

美智妈妈在美智很小的时候，就出国深造了，结果这一去就再也没有回来。我一人又当爹又当娘的，一门心思想把美智拉扯大，早打消了再娶的念头。

美智从小就聪明伶俐，特别招人喜欢。我发现她在音乐上很有天赋，为了能让她全面发展，我给她报了钢琴培训班。四年级时，美智的作业增多了，为了减轻她的负担，我给她请了一个家庭教师，来家里教她钢琴。

钢琴老师名叫米佳，是个特别温和和有魅力的女士。美智特别喜欢米佳，两个人很相处得来，特别要好，最后竟然到了无话不谈的地步。不久，美智便萌生了让米佳给她当后妈的大胆想法。

于是，她开始每天向米佳汇报我的"精彩"的人生片段，不停地"包装塑造"我的形象。而在我面前，也经常夸米佳如"天外飞仙"。

经过美智的精心策划,我和米佳还真的就触了电,在美智的祝福声中成了一家人。

——十岁女孩崔美智的爸爸

从这个例子中我们可以看出,"谋略蛇"型人格女孩在做事时,是特别讲究谋略和火候的。事情发展的每个步骤,全在她们的精心策划之下。在做一件事之前,"谋略蛇"型人格女孩会花很大的心思进行分析策划,直到觉得万无一失时,才从容出手,所以她们做事的风险性十分低,在有些时候,甚至达到了"零风险"的完美境界。

灰暗面1:"阴谋家"

如果父母和老师引导得不好,"谋略蛇"型人格女孩就会由谋略家,变成"阴谋家"。在与人交往时,她们会特别注意研究对方的身体语言、面部表情等细节,可谓下足了工夫;对方离开后,她们还会反复思考与之交往的每个细节,考虑到对方对自己的感受,等等。

因为要反复地推敲,在很多时候,她们也容易自寻烦恼,影响了自己在学习和生活中的完美发挥。

我们家去年雇了一个保姆,名叫李贵芳。这位大姐三十多岁,老实巴交的,也不太爱说话,一家人都觉得不错。

可蓝媚却总是对她不放心,有时说她怀疑李阿姨有肺结核,有时又说她在网上看到过一个把人家孩子看丢了的保姆,长得特别像李阿姨。结果弄得我都烦了。

有一天,她神秘地跟我说李阿姨在外面走廊特别小声而神秘地打电话,不知是不是又要偷走谁家的孩子。结果李阿姨正好走进房间,听到了蓝媚的话。

李阿姨是气性特别大的人,听了蓝媚的话,气得第二天就不在我们家住了。

结果,李阿姨一走,我们就再也没找到像她那么老实的保姆了。

——十二岁女孩蓝媚的妈妈

也许有的父母会认为,蓝媚这样"神经过敏",是因为不懂事,或者胆小。其实不然,蓝媚在例子中的种种表现已证明,父母在对她的心理引

第十三章 "谋略蛇"型人格女孩：不疑才会更睿智

导上是不够的，孩子本身也是缺少安全感的。

父母在对"谋略蛇"型人格女孩进行引导的时候，要告诉她们不要过于相信精英智者的判断或书本上的知识，要相信事实，同时也要进行自己的判断，这样才不至于过于敏感。同时要让她们明白，过分疑虑，也是她们心理压力大的重要原因。不疑才能放轻松，这时再去判断事物，准确率才会高，将来才能成为有大谋略、大智慧的人。

灰暗面2：假想敌

如果父母和老师引导得不好，"谋略蛇"型人格女孩这种"爱谋略"的人格特点还会发展到另一个方面：总愿意把一些与自己略有矛盾或者不喜欢的人想成假想敌，每天要时不时地想一些应对这些"敌人"的策略和方法，空耗自己和他人的精力。

我六岁时，妈妈跟爸爸离婚去了外地，我跟着爸爸一起生活。

我八岁时，爸爸再婚了。后妈叫赵文慧，人长得不错，人如其名，性情也很高雅。可在我的心目中，后妈大都是《白雪公主》中的王后那样狠毒的女人，我一定要小心防备才是，不然，总有一天会被她的"毒苹果"害死。

他们结婚那天，后妈给我买了好多漂亮的衣服，一副讨好我的样子，我丝毫不为所动。当着那么多人的面，我连声阿姨都没叫。

在以后的日子里她总是小心翼翼的，她越这样，我越心疑，总觉得她在憋着坏。

那时，我家就住在一楼，她总是不让我自己出去玩，说是外面坏人多；跟她要钱，她也要问个清楚，说是怕我乱花钱；放学时我不想玩，想去同学家玩，她也要查三查四的，跟个查户口的似的……

有一次放学，我固执地说我要在小区里玩一会儿，让她先上楼给我拿水喝，她就千叮咛万嘱咐我不要乱跑，让我就在原地等她。

这时候小区里的人说：刚才小区里的一个小女孩在过马路时被车撞了，现在正在小区门口等120来救助，我听了急忙跑去看。

后妈出来没看见我，又见好多人往门口跑，说是小区里有个女孩刚刚过马路时被撞了，后妈听了腿都软了，到门口才知道是邻居小雅

被车撞了。

——清华大学学生闻静

在这个例子中，闻静一直把后妈当成假想敌，把她所有的关心都想成是阴谋，这显然是和父母引导不佳有关。所以，如果家庭发生了动荡纠葛或生死离别的事情后，父母一定要经常拿出大块的时间，对孩子进行心理安抚工作，让她们尽情地说出心中的种种想法，以释放压力。

万一孩子有了假想敌，父母要想办法让孩子同假想敌近距离地沟通几次，这样就可以很快消除疑虑了。如果做不到，也可以通过打电话、发邮件或者中间人传达的方式帮孩子解开疙瘩。

"谋略蛇"型人格女孩的生活表现

孩子常见问题	家长应对方法	注意事项
心事重，经常闷闷不乐	可以委婉地劝孩子说出自己的感受，让她发泄出心中的不良情绪	要多观察孩子的一举一动，看透她内心的真实想法
把成绩和荣誉看得过重，不重视与家人亲朋的关系	理性分析她的所作所为，解答她心中的疑问，然后有针对性地进行教育	不要训斥孩子"无情无义"或"没心没肺"
遇事爱"表演"，看不透其真实想法	不去猜她的心思，直言告诉她要真诚，不能玩虚的	不要旁敲侧击，以免引起她的怀疑

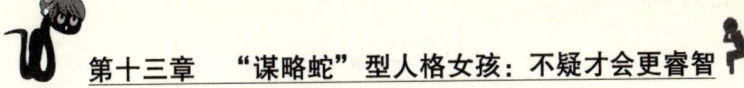

第十三章 "谋略蛇"型人格女孩：不疑才会更睿智

"谋略蛇"型人格女孩的学习表现

孩子常见问题	家长应对方法	注意事项
不能真正融入班集体中	帮她卸下思想包袱	说话要委婉
出主意"整治"不喜欢的老师，让老师难堪	要让她了解老师的工作和生活状况，体会老师的辛苦	实话实说，不要兜圈子
对自己不明白的问题，不愿意向老师或同学请教	让孩子学会巧妙地表达自己的想法，同时进行"天性解放"训练	不要指责批评

典型人物启示

用心感悟

典型人物：伊娃（动画片《机器人瓦力》主人公）

在徐克的电影《青蛇》中有这样一个有深意的小细节：青蛇因为修炼的功力浅，不懂人间真情，所以不会流眼泪。

在动画片《机器人瓦力》中，伊娃的个性和青蛇十分相像。她是个典型"谋略蛇"型人格女孩，有着超强的"分析综合"通力，而且神通无比，是飞船中的人类造出来的"特工"。可这样一个"武功高强"的"女侠"，却和所有"谋略蛇"型人格女孩一样，不懂感情，更不知情为何物，是一块"拒绝融化的冰"。

最终，智能比伊娃落后700年的机器人瓦力却用自己质朴憨厚的心，让伊娃有了"人"心，悟到生活的真谛，并且懂得真爱的内涵。

伊娃的这一转变，是值得所有"谋略蛇"型人格女孩的家长三思的。

用感性的方式教育孩子，让她们懂得真情的含义

在动画片中，伊娃比瓦力先进700年，却只是一味地"卖弄"自己的

能力，根本不知情为何物。而在地球待了700年的瓦力却"多愁善感"，重情重义，原因在于他在反复观看歌舞片《你好，多莉!》时，被里面美好的爱情所打动，所以当伊娃来到地球时，他才能改变固定的"程序"，开始新生活。

在现实生活中，"谋略蛇"型人格女孩是特别内向的一类人，因为不善于沟通，在人际交往上劣势很明显，在对亲情、友情、爱情的领悟上，也弱于激情型和才华型人格的六类女孩。

父母要在这方面进行重点的熏陶和教育，绝不能让她们一味地沉浸在对谋略、权力等理性事物的追求中，否则她们会变得越来越势利、保守、刻板和冷漠，生活的路会越走越窄。

责任感会让"谋略蛇"型人格女孩迅速变成熟

在动画片中，伊娃发现地球有了植物，为了完成带人类回到重现生机的地球的任务，可谓吃尽了苦头：先是被关进了机器人"精神病院"，后来又被太空警察追杀，在影片结尾处还要和中央电脑亚当斗争，保护"真理号"中的人类。

经过这一系列的波折与坎坷，伊娃对生命的感悟与体验一下加深了，像电影《青蛇》中的小青一样，开始流出了"眼泪"——瓦力被毁时，伊娃全力施救；而救活的瓦力忘了伊娃时，伊娃表现出了难过甚至绝望；而当瓦力找回记忆后，伊娃则和他兴奋地拥抱在了一起。

此时，伊娃已变得充满仁爱精神并情感丰富，而不再是冷冰冰的机器了。

在现实生活中，要想让比较理性的"谋略蛇"型人格女孩多一些感性色彩，父母要适当地在她们肩上加一些担子，帮她们培养责任感，这样她们会成熟和进步得更快、更显著。

第十三章 "谋略蛇"型人格女孩：不疑才会更睿智

教育减法口诀

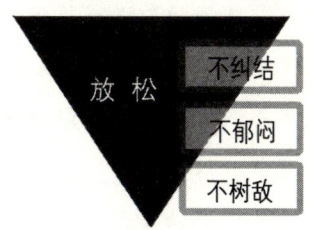

宁静才能致远

作为"谋略蛇"型人格女孩来说，勤思考、善谋划，这本是件好事，但如果家长引导得不好，就会走向事情的反面。此时家长要做的，就是让她们放松下来，不为杂念所左右，用一颗最纯净的心去思索世界，这样在走向社会后，"谋略蛇"型人格女孩才能真正成为一个深谋远虑的成熟女性，而不是一个敏感多疑的"怪女人"。

教育减法口诀1：不纠结

上八年级时，我对一个叫李群的男生有了点意思。当时我想了很多。

一方面，我也知道，马上要中考了，谈恋爱肯定会耽误学习的，而且父母老师知道了，肯定要干预，最后非得闹得鸡犬不宁。

但另一方面李群的确特别优秀，不但人长得帅，还特别有才艺。

于是我就这么纠结着，也不和李群确立恋爱关系，也不和他断绝来往。

没想到这么一来，我反而弄得心境大乱，学习也没学好，恋爱也没谈成，真是得不偿失。

——十四岁女孩贾薇

对于一个刚进入青春期的内向女孩来说，尤其是"谋略蛇"型人格女孩，保持心境的稳定平和是十分重要的。如果她的心情陷入困惑或混乱状态，**敏感多疑**的天性就会给她带来无尽的烦恼，极容易变得思绪纷乱，魂不守舍。

所以父母在对"谋略蛇"型人格女孩进行引导时，一定要注意这一点：在学习或生活上，即便善于谋划，还是不能太贪心，要选择简单。

教育减法口诀2：不郁闷

上七年级的时候，爸爸有了外遇，结果让妈妈知道了，两个人整天吵吵闹闹的，把原来平静的日子全都给打碎了，弄得我特别烦。

晚上做噩梦时，我总是在选择，是跟爸爸过，还是跟妈妈过。因为我和他们俩都特别好，不想跟他们中的任何一个分开。

就这么胡思乱想了大半年，他们也没有做出是分是合的决定。他们俩是越战越勇，我反而越来越蔫，心事重重的。

有一天我放学回到家，见他们俩还在屋里吵，我当时头就大了。我走进客厅，流着眼泪对他们说："我真是让你们吵得崩溃了，你们或者合或者分，快点做个决断，不然大家都得被拖出精神病。"

——广州某大学学生杨朝雨

因为性情敏感，郁闷是"谋略蛇"型人格女孩要经常面对的事情，而且她们的感觉要比其他人格类型的人程度深，会夹杂着许多复杂的心理感受：郁郁寡欢、闷闷不乐、憋屈、茫然、苦恼，等等。

如果问题出在"谋略蛇"型人格女孩自己身上，情况还好解决一些，只要父母投入时间和精力，就能很快让她们走出情绪低谷。但如果事情如上面的例子那样，起因源于父母，那么问题就变得很难解决了。

在这个时候，做父母的如果感觉到自己的所作所为给孩子造成了心理压力，不管得与失，都要快速做决断，不要拖到最后只能以悲剧的方式收场。

教育减法口诀3：不树敌

可盈四年级时，海淀区又要举办艺术节了，学校也开始了紧锣密鼓的选拔活动。

孩子们都比较在意艺术节的比赛，因为如果能取得艺术节一等奖，对日后的小升初是有很大帮助的。

因为这次比赛的报名人数太多，可盈所在的校舞蹈队竞争相当激烈，团体舞只要六人，独舞也只有四个名额。

因为涉及人员淘汰，所以可盈十分紧张。她开始变得疑神疑鬼的，总担心自己会落选。那一段时间，夜里睡觉时，可盈常常会惊醒，吃饭也有

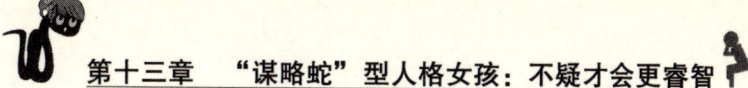
第十三章 "谋略蛇"型人格女孩：不疑才会更睿智

些心不在焉。最重要的变化是，她开始与舞蹈队里的同学保持一定的距离，态度十分冷淡。

可在这之前，可盈和亚妮、小蕊、锦心、云朵是校队里的"五朵金花"，几个孩子也是最要好的朋友，经常在一起切磋舞艺。

最终在选拔赛时，可盈在团体舞和独舞中都胜出了。

可因为这段时间弦绷得太紧，思虑太多，在艺术节比赛的前一天，可盈却病倒了，最终只得退出了比赛。

——十一岁女孩可盈的母亲

在这个例子中，"谋略蛇"型人格女孩可盈输给了自己，这种结局一点也不偶然。因为思虑太多，"谋略蛇"型人格女孩在学习和工作大都难以正常发挥。

"谋略蛇"型人格女孩的父母在孩子面临考试等的关键时刻，一定要进行全方位的心理疏导，让她们把注意力从所要做的事情中稍稍移开，而以最轻松的姿态迎接挑战。

十三型人格简易测试

这是一个十三型人格的简单测试，可以很快测试出你的孩子属于十三型人格中的哪种类型。

十三型人格测试注意事项

许多孩子的人格是好几个类型的混合体，纯粹的单一类型并不多，读者在看这本书时要活学活用，不可生搬硬套。

比如，你的孩子可能是"诚信狗"型人格与"谋略蛇"型人格的混合体，在平时她是"诚信狗"型人格，万一遇到大的困难时，她就会展现出"谋略蛇"型人格那种很有智谋韬略的一面。

对于这样的孩子，就不能单纯使用对"诚信狗"型人格或者"谋略蛇"型人格孩子的应对策略进行管理，而要针对她表现出来的具体人格，具体应对。

其次，虽然孩子的人格是复杂的混合体，但一般都有一个类型占主导地位，抓住这一个主要类型，分析了解起来就要容易得多。还是上面的那个例子，这个孩子的主导型人格有可能是"谋略蛇"型，"诚信狗"型人格则是附属特征。

最后，要重点强调的是：尽管各种人格彼此之间的差别很大，但没有严格意义上的好坏优劣之分，更不要加入非黑即白的道德评价。

我们要努力看到各种人格的优势与劣势，过于看中其优点或缺点是不正确的。父母对孩子人格的两面性要有一个清晰的认识，尽量扬其长、避其短。

测试卡测试方法

将测试卡裁成130个小卡片进行测试。

把背面内容和被测试者人格相一致的卡片挑出来，并按背面的颜色分开摆放，同颜色张数最多的那些卡片正面所显示的人格即是被测试者的人格。

测试卡测试结果统计表

类型 合计	一型	二型	三型	四型	五型	六型	七型	八型	九型	十型	十一型	十二型	十三型
种类	机智猴型人格	实干鸡型人格	神勇虎型人格	阳光猪型人格	洒脱龙型人格	谋略蛇型人格	才华马型人格	仁爱羊型人格	诚信狗型人格	乖巧兔型人格	聪明鼠型人格	坚韧牛型人格	智慧狼型人格

【神勇虎型】勇敢坚强●不善谋略　　【实干鸡型】从容淡定●中庸平凡　　【机智猴型】才智超群●急躁毛糙

【神勇虎型】勇敢坚强●不善谋略　　【实干鸡型】从容淡定●中庸平凡　　【机智猴型】才智超群●急躁毛糙

【神勇虎型】勇敢坚强●不善谋略　　【实干鸡型】从容淡定●中庸平凡　　【机智猴型】才智超群●急躁毛糙

【才华马型】才华横溢●做事浮躁　　【谋略蛇型】深谋远虑●心事过重　　【洒脱龙型】大智大勇●亲和力差

【才华马型】才华横溢●做事浮躁　　【谋略蛇型】深谋远虑●心事过重　　【洒脱龙型】大智大勇●亲和力差

【才华马型】才华横溢●做事浮躁　　【谋略蛇型】深谋远虑●心事过重　　【洒脱龙型】大智大勇●亲和力差

5□5 对人情世故不大敏感，崇尚成功和权力。	6□6 做事善于谋略，周围的人都觉得她是个"小诸葛"。	7□7 有个性，在多方面都显示出超人的才华。
5□18 做事很善于把握时势。	6□19 遇到很小的危险时，自我防护能力也特别强。	7□20 始终相信自己在学习和生活上很快就能取得大的成功。
5□31 遇事总能从容不迫，灵活应对。	6□32 遇到棘手的事情时总是很冷静，善于分析谋划。	7□33 做事特别浪漫，特别有创造性。

【乖巧兔型】聪明平和●敏感多疑　　【诚信狗型】忠诚勇敢●魄力不足　　【仁爱羊型】德才兼备●缺乏魄力

【乖巧兔型】聪明平和●敏感多疑　　【诚信狗型】忠诚勇敢●魄力不足　　【仁爱羊型】德才兼备●缺乏魄力

【乖巧兔型】聪明平和●敏感多疑　　【诚信狗型】忠诚勇敢●魄力不足　　【仁爱羊型】德才兼备●缺乏魄力

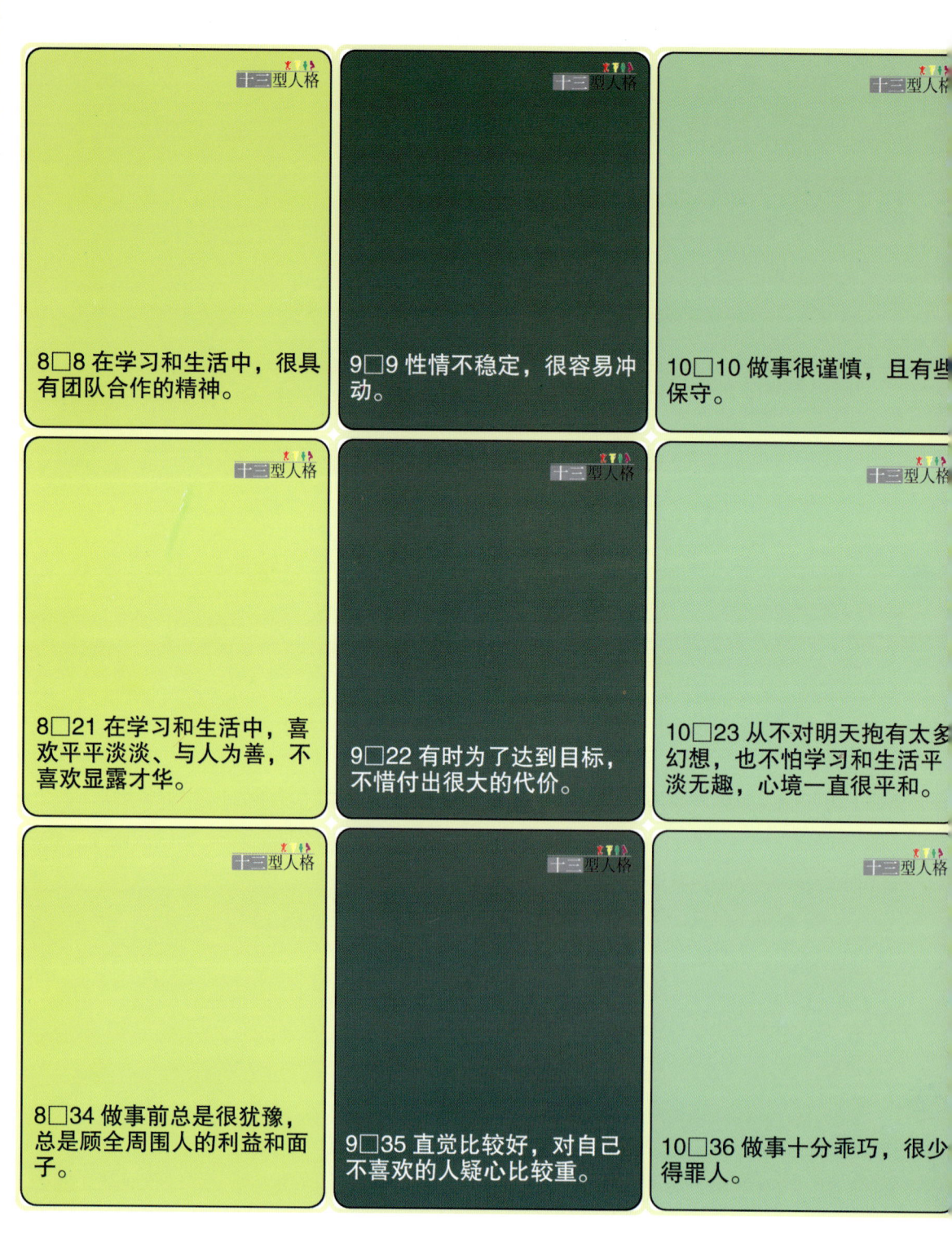

11□11 在做人做事时，总会尽最大可能保护住切身利益。

12□12 性格很倔强，撞了南墙也不回头。

13□13 做事勇敢坚韧、能屈能伸，为了成功可以忍受其他孩子难以忍受的痛苦。

11□24 有时，为了达到自己想要的结果，做事手段有些过火。

12□25 做事喜欢坚持到底，不太考虑要付出多大代价。

13□26 学习或做事时，不爱依赖他人，喜欢靠自己的勇气和智谋取得胜利。

11□37 在做重大事情时，能表现出很内在的聪明，在激烈竞争的情况下，能出人意料地获胜。

12□38 做事十分认真，爱坚持原则，不太会变通。

13□39 相信"活在当下"的理念，注重结果而不重过程。

型人格　　　　　　　　　型人格　　　　　　　　　型人格

【实干鸡型】从容淡定●中庸平凡　　【机智猴型】才智超群●急躁毛糙　　【阳光猪型】积极阳光●不思进取

型人格　　　　　　　　　型人格　　　　　　　　　型人格

实干鸡型】从容淡定●中庸平凡　　【机智猴型】才智超群●急躁毛糙　　【阳光猪型】积极阳光●不思进取

型人格　　　　　　　　　型人格　　　　　　　　　型人格

实干鸡型】从容淡定●中庸平凡　　【机智猴型】才智超群●急躁毛糙　　【阳光猪型】积极阳光●不思进取

【洒脱龙型】大智大勇●亲和力差　　【阳光猪型】积极阳光●不思进取　　【神勇虎型】勇敢坚强●不善谋略

【洒脱龙型】大智大勇●亲和力差　　【阳光猪型】积极阳光●不思进取　　【神勇虎型】勇敢坚强●不善谋略

【洒脱龙型】大智大勇●亲和力差　　【阳光猪型】积极阳光●不思进取　　【神勇虎型】勇敢坚强●不善谋略

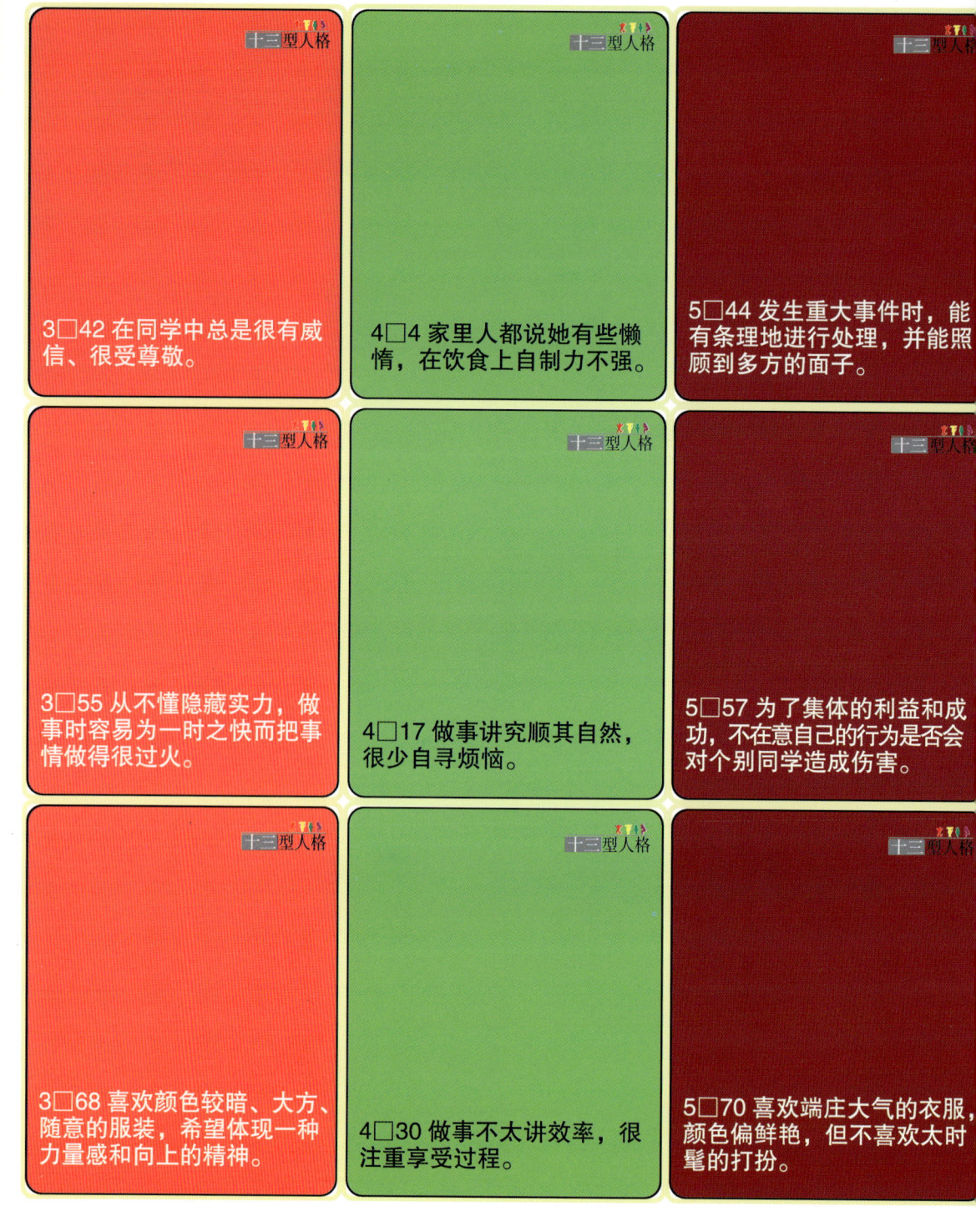

3□42 在同学中总是很有威信、很受尊敬。

4□4 家里人都说她有些懒惰，在饮食上自制力不强。

5□44 发生重大事件时，能有条理地进行处理，并能照顾到多方的面子。

3□55 从不懂隐藏实力，做事时容易为一时之快而把事情做得很过火。

4□17 做事讲究顺其自然，很少自寻烦恼。

5□57 为了集体的利益和成功，不在意自己的行为是否会对个别同学造成伤害。

3□68 喜欢颜色较暗、大方、随意的服装，希望体现一种力量感和向上的精神。

4□30 做事不太讲效率，很注重享受过程。

5□70 喜欢端庄大气的衣服，颜色偏鲜艳，但不喜欢太时髦的打扮。

9□48 不在意亲人朋友对自己的偏见和误解，对他们始终很讲信义。

10□49 为人风趣温和，不容易树敌，有很多好朋友。

11□50 做事时善于察言观色，善于深入思考，并能很快总结出极好的解决办法。

9□61 不敢独立做事，很依赖父母和亲人。

10□62 做复杂艰难的事情时缺少耐力，容易半途而废。

11□63 做事时从不太在意别人的负面评价，觉得争取到自己应得的东西才是最重要的。

9□74 在着装上没多少主见，总是听亲友或者店员的意见。

10□75 喜欢朴素、精致、很有情调的着装风格。

11□76 着装不讲究，风格单一，不能时时做到干净整洁。

【仁爱羊型】德才兼备●缺乏魄力　　【才华马型】才华横溢●做事浮躁　　【谋略蛇型】深谋远虑●心事过重

【仁爱羊型】德才兼备●缺乏魄力　　【才华马型】才华横溢●做事浮躁　　【谋略蛇型】深谋远虑●心事过重

【仁爱羊型】德才兼备●缺乏魄力　　【才华马型】才华横溢●做事浮躁　　【谋略蛇型】深谋远虑●心事过重

6□45 做事时,总是有很好的预测能力。	7□46 别人总夸她做事时有超强的创造和革新能力。	8□47 做事时总是力争做得很稳妥,不伤和气。
6□58 做事时,无论与对方是否熟悉,都会表现得很理智。	7□59 做事过于坚持自己的个性和观点,不管是否得罪人。	8□60 在做一些重大事情时缺乏超强魄力,很容易错过时机。
□71 喜欢简洁的暗色服装,对着装不太在行,也不热衷。	7□72 喜欢奔放、有活力、个性很鲜明的着装风格。	8□73 喜欢清新、自然的着装风格,尽量与同学保持一致,不显示个性。

【阳光猪型】积极阳光●不思进取　　【神勇虎型】勇敢坚强●不善谋略　　【机智猴型】才智超群●急躁毛糙

【阳光猪型】积极阳光●不思进取　　【神勇虎型】勇敢坚强●不善谋略　　【机智猴型】才智超群●急躁毛糙

【阳光猪型】积极阳光●不思进取　　【神勇虎型】勇敢坚强●不善谋略　　【机智猴型】才智超群●急躁毛糙

【某略蛇型】深谋远虑●心事过重　　【洒脱龙型】大智大勇●亲和力差　　【实干鸡型】从容淡定●中庸平凡

【某略蛇型】深谋远虑●心事过重　　【洒脱龙型】大智大勇●亲和力差　　【实干鸡型】从容淡定●中庸平凡

【某略蛇型】深谋远虑●心事过重　　【洒脱龙型】大智大勇●亲和力差　　【实干鸡型】从容淡定●中庸平凡

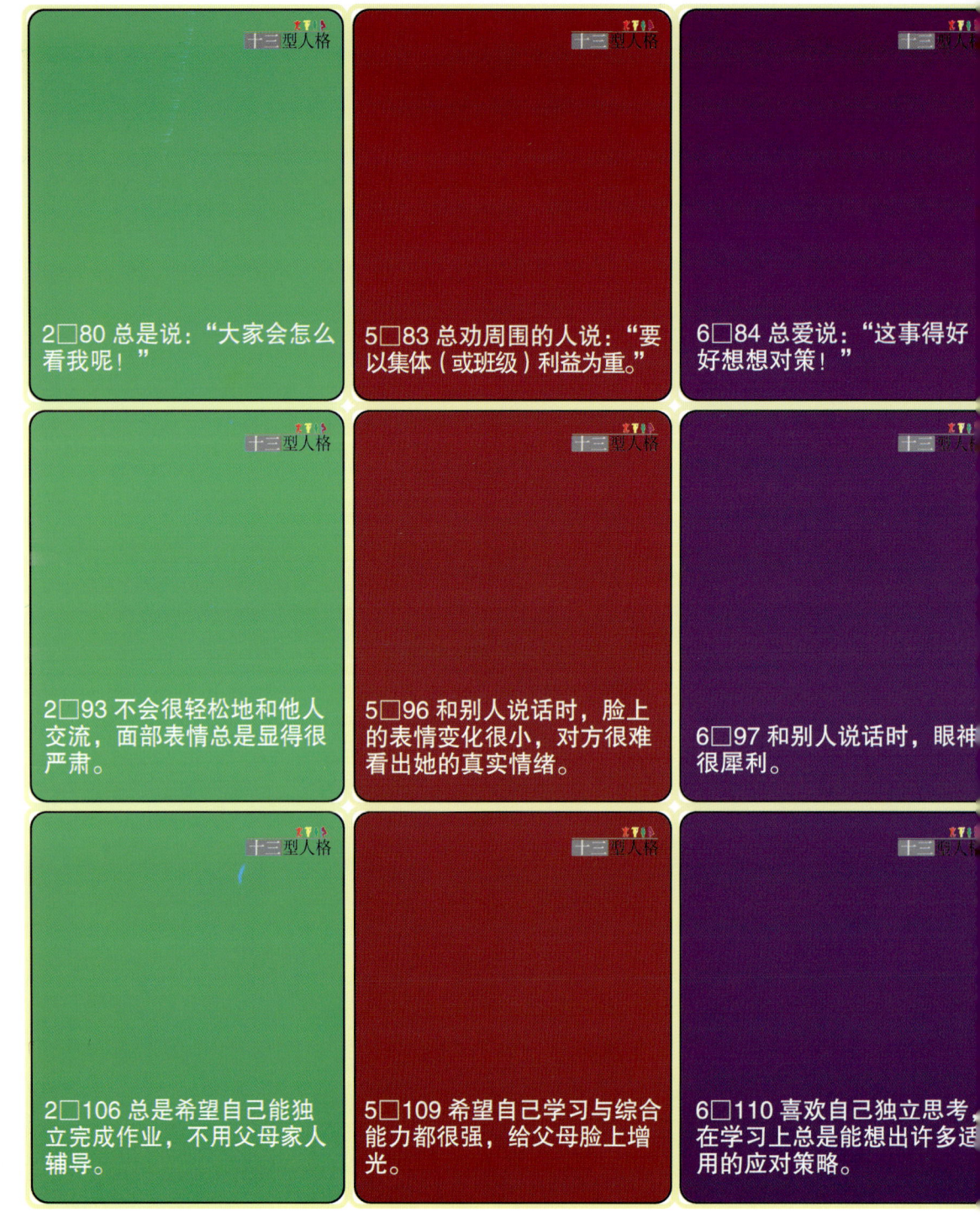

【智慧狼型】智慧勇敢●思想激进　　【仁爱羊型】德才兼备●缺乏魄力　　【才华马型】才华横溢●做事浮躁

【智慧狼型】智慧勇敢●思想激进　　【仁爱羊型】德才兼备●缺乏魄力　　【才华马型】才华横溢●做事浮躁

【智慧狼型】智慧勇敢●思想激进　　【仁爱羊型】德才兼备●缺乏魄力　　【才华马型】才华横溢●做事浮躁

7□85 总爱对别人说:"相信我,没错的!"

8□86 总爱对自己说:"不能急,事情总是会解决的。"

13□52 做事时很善于调动他人一起努力。

7□98 总是不自觉地把喜怒哀乐的情绪写在脸上。

8□99 心境平和,做事从不冲动。

13□65 学习或做事情时,能全情投入,为了成功,舍得付出一切。

7□111 在学习上喜欢表现自己独特的才华,取得成绩后,容易产生骄傲情绪。

8□112 害怕父母不高兴,能积极主动地学习。

13□78 着装不注重样式,但很注重面料及品牌,体现出一种大气和高贵的感觉。

【智慧狼型】智慧勇敢●思想激进　　【诚信狗型】忠诚勇敢●魄力不足　　【坚韧牛型】坚韧勤奋●倔犟古板

【智慧狼型】智慧勇敢●思想激进　　【诚信狗型】忠诚勇敢●魄力不足　　【坚韧牛型】坚韧勤奋●倔犟古板

【智慧狼型】智慧勇敢●思想激进　　【诚信狗型】忠诚勇敢●魄力不足　　【坚韧牛型】坚韧勤奋●倔犟古板

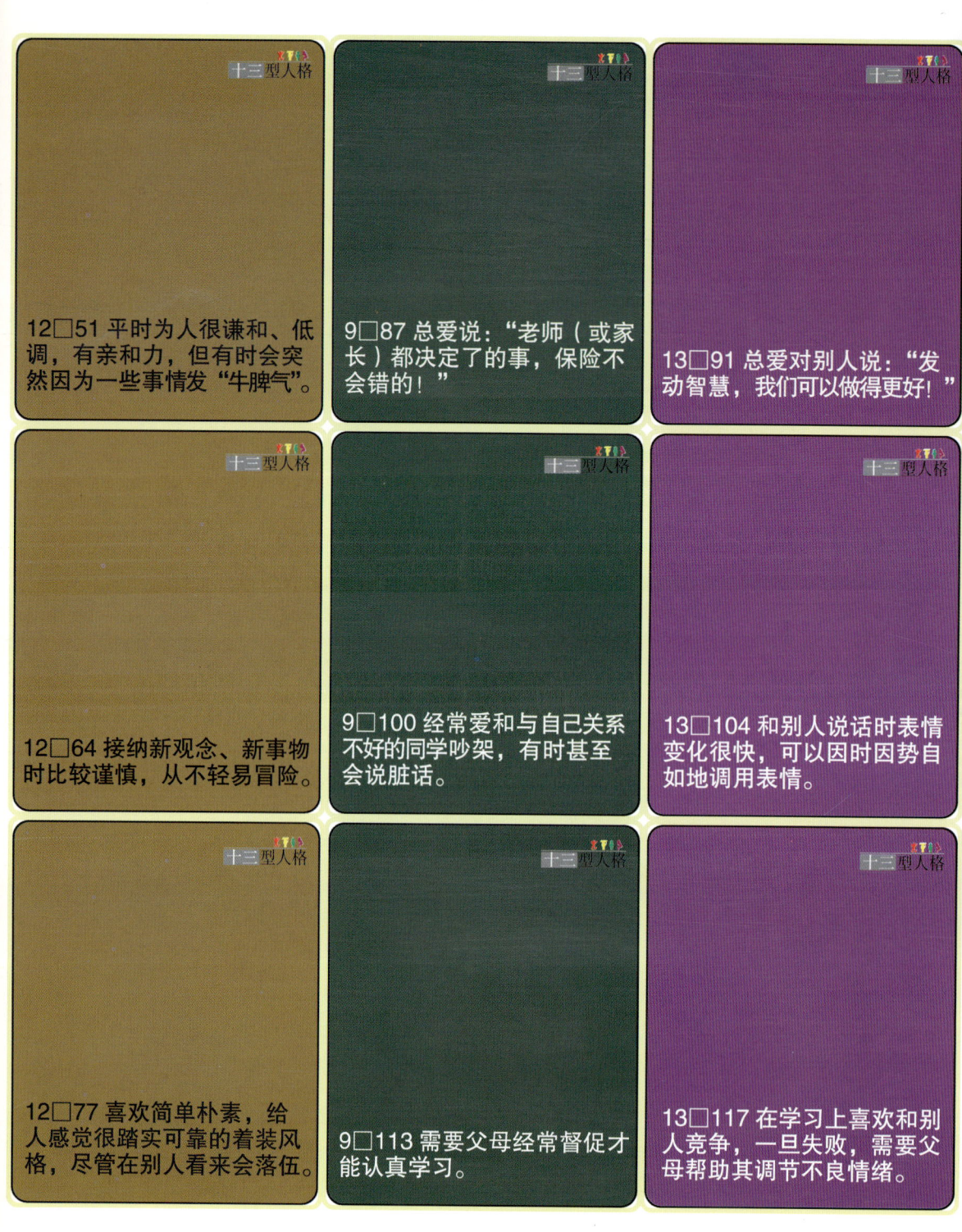

12□51 平时为人很谦和、低调，有亲和力，但有时会突然因为一些事情发"牛脾气"。

9□87 总爱说："老师（或家长）都决定了的事，保险不会错的！"

13□91 总爱对别人说："发动智慧，我们可以做得更好！"

12□64 接纳新观念、新事物时比较谨慎，从不轻易冒险。

9□100 经常爱和与自己关系不好的同学吵架，有时甚至会说脏话。

13□104 和别人说话时表情变化很快，可以因时因势自如地调用表情。

12□77 喜欢简单朴素，给人感觉很踏实可靠的着装风格，尽管在别人看来会落伍。

9□113 需要父母经常督促才能认真学习。

13□117 在学习上喜欢和别人竞争，一旦失败，需要父母帮助其调节不良情绪。

【仁爱羊型】德才兼备●缺乏魄力

【机智猴型】才智超群●急躁毛糙

【实干鸡型】从容淡定●中庸平凡

【智慧狼型】智慧勇敢●思想激进

【神勇虎型】勇敢坚强●不善谋略

【阳光猪型】积极阳光●不思进取

【诚信狗型】忠诚勇敢●魄力不足

【洒脱龙型】大智大勇●亲和力差

【乖巧兔型】聪明平和●敏感多疑

2□119 和同学、朋友相处时，尽管认识很久了，还是会情不自禁地产生防范心理。

1□118 别人都说她太自负了，可实际上有时她很自卑。

8□125 经常控制自己的情绪，努力保持平和心境。

4□121 熟悉的人总说她太不成熟了，像个小孩子。

3□120 和亲友的关系一直无法很深入，有时候感觉很孤独。

13□130 做事时重视结果，不重视是否符合乎常规。

10□127 喜欢波澜不惊的生活，不爱竞争，学习时只出七分力。

5□122 做事时总是很清楚地知道自己何时该进行取舍。

9□126 对于老师或长辈，能轻松找到接近他们并增进关系的好方法。

【才华马型】才华横溢●做事浮躁

【坚韧牛型】坚韧勤奋●倔犟古板

【聪明鼠型】缜密睿智●我行我素

【谋略蛇型】深谋远虑●心事过重

12□129 在多数情况下自我控制能力都很强，周围的人都很信赖她。

7□124 遇到失败或挫折时会忽然变得脆弱，甚至不再相信自己的才华。

6□123 很少直接表达自己的心理感受，总是通过一些策略巧妙地加以表达。

11□128 做事有些偏执，对自己认定的事爱钻牛角尖。